Ⓢ新潮新書

長谷川榮一
HASEGAWA Eiichi

首相官邸の2800日

943

新潮社

はじめに

「内閣広報官」という仕事をご存じだろうか。

国内と並行して、海外諸国に日本政府の考え方と方針が正しく伝わるようにすること、さらには、日本と日本人の活躍、海外への協力と支援、世界に広がる科学技術や産業経済活動、各地の四季折々の美しさ、そこで活動する人々の姿などを発信することも重要な職務である。時には、日本に対する外国からの根拠のない批判への反論も行わなければならない。ある場合には見える形で、別の場合には自らは表に出ずに他の主体を通じて、ということもある。

内閣広報官のこうした仕事を支えてくれるのは、内閣官房の内閣広報室と首相官邸内の報道室、内閣府の政府広報室、関係省庁の広報部局だ。また、海外広報は官邸内の国際広報室が行う部分があるが、外務省の協力を大々的に受けながら行う。外務報道官組織と在外公館の広報班のサポートがなければ遂行できない。

内閣広報官のオフィスは官邸内4階と、内閣府本府ビルの4階にある。私には内閣総理大臣補佐官としての職務もあり、官邸5階にもオフィスを頂いた。私は内閣広報官を2006年9月から07年11月までと、13年7月から20年9月までの2度、計8年余り務めた。務めれば務めるほど、「広報」は難しい仕事であり、重い仕事だと痛感した。

内閣の広報は、内閣広報官だけで遂行するのではない。内閣総理大臣も、内閣官房長官も、その発言や行動は、その時により、多少の別はあるが、必ず広報の効果を持つ。広報効果を意識した発言や行動をすることもある。

国民は主権者であるがゆえに、国民とのコミュニケーションは民主主義国家で最も大事な仕事の一つであろう。何を、どのタイミングで発信すべきか？　誰が発信すべきか？　どんな方法で発信すべきか？　と常に考えながら、そして国民、メディア、政治などの反応ぶりをフォローしながらの日々だった。

広報は、時々の政治経済の情勢、何を、誰に伝えたいのか、に応じて内容が変わる。前回に妥当であったことが、その次の時にも妥当であり続けるとも限らない。だから、私が広報について感じたことを、個人の主観の集積だとしても、こうした形にすることは、官邸で長く勤務した者として必要だと考えた。当然、それに対する批判もあるだろうし、批判も含めて読んだ方からの意見が積み上がっていけば、よりよい広報のケースブックになっていくと思うからだ。

広報に、時を超えて常に通用するベストの作法はない。その都度、PDCA（計画→実行→評価→改善）の繰り返しだ。だから、本書が土台となってよりよいやり方が積み上がって、多くの方にとってのアップデーテッド・プラクティス（最新の方策）に育っていくことになれば、官邸勤務の機会を与えられた国家公務員だった者としてこれに勝る喜びはない。

私は、また、第2次安倍晋三内閣発足時の2012年12月から、安倍総理大臣が退任した20年9月までの間、内閣総理大臣補佐官に任命されていた。13年7月からは内閣広報官を兼任した。

本書では、官邸広報に関わることだけでなく、官邸での勤務を経験した者として、官僚の仕事のやり方に関する私自身の考えを含めている。双方の官職は、ともに一般職国家公務員とは異なる特別職の国家公務員なので、国家公務員法は適用されず、人事院規則の適用もないが、双方の官職を定めた内閣法は、国家公務員法の中の限られた規定を準用して適用している。従って、職を退いた後と雖《いえど》も職務上知り得た秘密を漏らしてはならないと定められている。本書はそれを前提にしているので、「記述に具体性が足りない」、あるいは「ロシアとのやりとりが言及されていない」といった物足りなさを感じる方もおられるかもしれないが、ご理解願いたい。

本書で示した考え方や見方は、筆者個人のものであり、そうしたことも含めて、至らない点への責めは、すべて筆者に帰する。

また、お名前を示した方々の官職名は、原則としてその時点でのものである。また、原文が英文の場合の仮訳は全て私の責任で行ったことも、あらかじめご了承頂きたい。

首相官邸の２８００日……目次

第一章　官邸広報とは何か

４つのA

内閣広報官の職務は、第一義的には、国民に対して政策の意図を正しく説明し、理解を得ることである。この章ではまず、内閣広報がどのような基本的な方針のもとでなされているのか、幾つかの事例を交えて示しておきたい。

広報とは、誰に、何を伝え、何を目指すか、を考えることから始まる。「４つのA」を明らかにした上で、取り組むことが重要だ。すなわち、

・誰に対する発信か、つまり宛先（Addressee）は誰か。
・目的は当方への関心（Attention）を持ってほしいということか。
・加えて、当方の意見に賛成（Agreement）までしてほしいのか。

・さらには、賛成した内容を行動（Action）に移してほしいのか。

それらに応じて、発信の長さやツールも異なってくる。賛成を得るためには、相手の思考の深みに入り込み、こちらの主張を裏付けるファクトやデータを加える。また、「こちらの話を聞いて下さい」だけではなく、相手の論議の土俵に乗って、問題点や不正確さを具体的に指摘する。すると、相手側も当方の主張を咀嚼《そしゃく》した上で再考に及ぶことが期待できる。

官邸広報の布陣は、いろいろな省庁の出身者、民間からの出向者、公募による採用職員など多様だった。これらの職員を、管理職である参事官と企画官の下にフラットに置く組織にして、皆のアイデアや立案が、内閣広報官の私に直接につながるようにした。広報での企画力やスキルは、役所での経験年数が長いほどすぐれているとは限らない。民間への委託も多用し、様々な経験と発想、若手も含めた衆知が混ざり合うことで、よりよい発信となるように心がけた。

Attention（関心）を得る

国民に政策について伝える場合、とにかく関心を持ってほしいときは、何をキーフレーズにするかを意識して、なるべく単文でメッセージを伝える。短く、シンプルなメッセージは、メディアでの見出しや記事での引用が期待できるし、人の耳に入りやすい。

この場合、ツールとしては圧倒的にＳＮＳが適している。画像やビデオも含まれるとさらによい。話題によってはＢＧＭを付けるのも効果的だ。携帯電話で見られるＳＮＳでは、スーパーインポーズで文章を付けると、音を出せない電車の中でも見られる。

そして、政府が「何をするのか」よりも、それによって、メッセージを受け取った当人に「何が生じるのか」、政策の効果をはっきりさせることが必要である。

一例を挙げておこう。２００７年の年金記録問題をきっかけとして、年金を受給するための保険料の納付期間が、25年から10年に短縮されることになった（２０１７年）。期間短縮のための法案成立は永田町や霞が関では大きなニュースでも、法改正が必要な問題であること自体は、一般の国民にとって重要ではない。もとより保険料を支払い、年金を受給するのは国民であり、広く知ってもらいたいのは年金を受け取れる要件、つまり、保険料を何年以上納付していれば将来年金を受給できるのか、ということだ。

だから、広報が国民に伝えるべきメッセージは、「受給資格を得るための保険料納付期間を、25年以上から10年以上に短縮するいわゆる年金機能強化法が国会で可決成立しました」ではない。「年金を受け取るために必要な保険料納付期間が25年から10年と短くなります」となる。

政府として国民に信用してもらうためには、普段から役に立つ情報を流す努力が大切だ。「(お上は)必要なときだけ言ってくる」と思われるようでは、信頼と好印象が醸成されない。また、伝える情報の中に関係のない要素があってもまずいが、直截に過ぎても無遠慮な感じを招き、印象を悪くすることに留意しなくてはならない。

Agreement(賛成)につなげる

安全保障のような複雑なテーマの場合は、私たちが「直面する問題は何か」、「歴史と経緯」、「憲法や判例など議論の前提となる事項」、「科学や技術など自分たちの思いとは別の次元で決まること」など、絡み合う論点を因数分解する。その上で、それぞれの因数について体系的に説明する。短さ、シンプルさにこだわらず、長くなってもデータやファクトに基づいたほうが説得力で勝る。加えて注意すべきは、読み手を飽きさせない工夫だ。

国会前での安保法案反対デモ。2015年9月。　AA/時事通信フォト

２０１５年、平和安全法制をめぐる議論を例として説明しよう。ご存じのように、この法案に対しては国会の内外で激しい反対運動が起こり、「戦争法案」「徴兵制が導入される」と声高に唱える野党の議員もいた。連日のように続いた国会審議では総理大臣や防衛大臣が野党議員からの質問にきっちり答弁し、官房長官も記者会見で説明した。それがメディアで報道されることで、政府側の考えを広報する効果もあった。

法案の国会審議中は、審議に予見を与えないよう、政府広報は控える。ただ、平和安全法制は国民全員の安全に関わることであり、かつ、安全保障、憲法、国際法、諸外国の動き、歴史などが複雑に絡む事柄である。複数の切り口から説明し、それを見た方々の質問と意見をもらい、やり取りを続けるプロセスが重要になる。そこで、法案成立後の2015年10月20日、官邸ホームページに「『なぜ』、『いま』、平和安全法制か?」という特集サイトを立ち上げた(1)。

平和安全法制についての説明

サイトでは、第一に、日本を取り巻く周辺地域での安全保障環境が厳しさを増し、世界のそれ以外の地域でも紛争につながりかねない状況であることを説明した。特に尖閣諸島を巡っては中国公船が毎日のように領海に接近や侵入していること、対中国、対ロシアで自衛隊機によるスクランブル発進回数が増えていること、北朝鮮は核兵器のみならず、サリンなどの化学兵器や生物兵器まで所持している可能性があり、日本への発射能力も備えていることを紹介した。

第二に、戦争を起こさないためには抑止力を強め、相手側に行動を自制させることが重要であることを説いた。日本からの先制行動はあり得ないので、相手が自制すれば、紛争を未然に防ぐことができる。

自らの国を防衛する場合、相手側が軍事力を増強するなら、自国の防衛力も増す必要がある。しかし日本の場合、憲法の考え方から自国が装備する防衛力には上限がある。そこで、日米安保条約によって同盟国である米国の軍事力を前提にして、日米の連携によって対応している。日米連携力が強まれば、相手側は攻撃を仕掛けた結果、甚大な損失を蒙《こうむ》ると判断するので、攻撃を思いとどまる。これが抑止効果だ。抑止という考え方が肝《きも》になるので、なるべく私たちの日常での感覚に近づいた説明に努めた。

日常の暮らしの中では、他人が殴り掛かってくるのを、どのように未然に防ぐのか？日頃、私たちは「抑止」を意識せずに済んでいる。それは、攻撃してきた相手は日本の法律とそれを執行する警察と裁判所で罰せられるからだ。しかし、相手が外国となると日本の法律は及ばない。よって、日本は国家として抑止力を備えなければならない。

見落としてはならないのは、「日本を攻撃すると、自分がそれ以上の害を蒙るから行動を起こさない」と相手が思うかどうかは、相手に依るということだ。だからサイトではこう記載した。「ただし、『自分を利するか否か？』は、日本人の感覚のみに依るのではなく、相手の価値観や感覚を踏まえて判断しないと機能しません」と。

つまり、周辺諸国で軍備を増強し続け、軍服でパレードを指揮している人たちが、自らの主観で「行動を起こすと甚大な損失を蒙る」と判断するかどうかが重要である。

「話し合って解決すれば、日本側は行動を起こさない」、「国際法ではこうなっている」、「日本国憲法の理想を一緒に実践しよう」などと説いてみても、相手がそれを自制の動機づけにしない限り、自制は起こらない。そう考えれば、論議の対象になっている相手国に届く反撃力が必要か否かという点も、答えは明らかだろう。相手国が自身の感覚でインパクトを感じないと、抑止力が薄まるからだ。

日本の周辺で軍事力を増強し続けている国、核実験を止めない国を頭に浮かべればおわかり頂けるだろう。つまり、日本人の常識や感覚だけで考えてはいけないのだ。それを、私はこのサイトで伝えたかった。加えて、そうした国々には先の大戦を引きずって、「我々は勝った側で、負けたのは日本だ。なぜ日本の主張を容れて、我々の考え方を変えなければならないのか」という考えがある。だから、外交に努めるのと並行して、日米安保体制の中で日本自身もできるだけの役割を果たして、抑止の実力を備えそれを見せなければならないと思う。

専守防衛を前提にすること自体に異論はないが、日本人の感覚だけで「専守防衛」を唱えて思考停止してはならない。相手から「仮に第一撃があった場合、日本に被害者が生じるのを黙認することにならない専守防衛とは何か？」を、脅威となり得る相手の発想と行動を想定しながら、考える必要がある。

第三に、日本は、積極的な外交を世界に向けて展開していることも明らかにしている。これらを念頭に置いて、先のサイトをご一読頂きたい。また、中国などの軍備に関する最新の情報については防衛白書で詳述している。

法案が可決成立してから6年余りが経過した。その間、近隣諸国の軍備強化が続いている一方、この法律のおかげで、日本の安全保障を守る上で、自衛隊が執ることのできる行動の幅が広がった。これは日米相互安全保障体制のもつ抑止力を一層強固にした。また徴兵制などは実像がまったくなく、政府が考えてもいないことも明らかになった。法案審議の際の「戦争法案だ」「徴兵制になるぞ」という批判は、批判としてさえ意味をもったのか？　皆さんはどう考えるだろうか。

年金情報漏出と消費増税時の広報

2015年春、日本年金機構から、加入者の個人情報が外部に漏出するミスが発生した。原因究明と、再発防止策の広報が大事なことは論を俟たない。しかし、多くの方は、それ以上に「年金記録が傷つくことで、受給額に悪影響が出ないか」ということに関心があると考えた。そして、次回の給付に当たって、正しい額が、所定の期日に給付されることを伝えるよう全力をあげた。メッセージも「ご不明の点は、ご相談ください」ではなく、「年金が振り込まれています。お確かめください」とした。相手の問題意識を見極めた発信内容が必要だ。

消費税率引き上げへの支持を増やすことも、重要な広報課題だった。高齢者の増加、特に団塊の世代が後期高齢者になるので、社会保障支出がどんどん増える。歳入を手当てしないと財政全体が逼迫し、他の予算費目まで窮屈になる——という広報内容であった。

当初、広報効果をできるだけ高めるため、「他の予算」として教育予算を明示することを考えた。次世代のための費用の象徴的な例だと考えたからだ。教育予算額を対GDP（国内総生産）比率で他のOECD（経済協力開発機構）諸国と比べると、日本は最下位に近い。グラフを示して、「国の基本である教育、明日を担う若者、子供たちの教育の経費をこれ以上圧迫しないためにも、社会保障の支出増財源のために消費税率の引き上げを支持してほしい」というメッセージを出したかったのだ。

この広報は財務省から全面的に支持されると思ったのだが、同省の幹部から「教育予算の例示はやめてほしい」と言われて例示は叶《かな》わなかった。「与野党を問わず、教育予算増には強い支持があり、かえって彼らの主張を刺激し、さらに支出が増える」という懸念からだった。その後、安倍内閣は、消費税率を8%から10%に引き上げるのだが、歳入増で返済不要の奨学金を増やすなど、若い世代のためにも使われる「全世代のための社会保障」とすることにした。

FAQ、データ、解説、身近感

形式を工夫することも必要だ。「よくある質問と回答」（FAQ）の形は、うまく使えば有効に活用できる。どのような疑問や意見を世の中の多くの方が持っているかを示すとともに、その質問に正面から答える形で、わかりやすくなるメリットがある。加えて、「当方から、相手に議論を展開する」という形をとらず、相手側の「押し付けられた感」を避けることもできる。

データとファクト、その意味合いの解説は説得力を増す。図やグラフは雄弁だ。そこに意味合いを簡潔かつ直截に記載すればさらに雄弁さを増す。まさしく「パワーポイント」だ。ただ、データは多ければ多いほどよいのではない。直接の関連度合いが低いとかえって広報効果を減らすことにもなる。

安倍内閣になって、GPIF（年金積立金管理運用独立行政法人）による年金資産運用のやり方を改めた。コロンビア大学の伊藤隆敏教授などの有識者の知見を頂きながら、超低金利の中で、従来の日本国債中心の投資先を株式や外貨資産にも分散した。安倍氏が自由民主党総裁に返り咲いた2012年9月から総理大臣を退任した2020年9月までの間に、年金資産は約70兆円増加した。データやグラフを使うと、年金基金が増えたことは一目瞭然となった。

画像やビデオで広報をする場合、声のトーンも広報効果に直結する。施策を推進する場合は明るいトーンで、場合によってはBGMも有効だ。これに対して、事故や災害の場合、間違いを訂正したり不手際を謝ったりする際にはおごそかなトーンが基本となる。人命や被害に関わる広報ではPDCAが重要であり、過去の例とその際の世論からのリアクションを組織として蓄積しておき、よりよいものを目指すべきだ。

政策の必要性や効果を訴える時に、あまりに大きな金額や単位を例示しても国民の実感を伴わず、広報効果を案外生まない。例えばGDPだ。個々の家計は、国のGDPの数百兆円とあまりに規模が違い過ぎる。だから、賃金の増加や年金資産の増加（総額だけでなく、一人当たりの金額など）、返済が必要な奨学金の利子率がどれぐらい引き下げられたか、など身近な感じがする数字が適切で、時系列での伸びを比較するのもよい。

広報への問い合わせを受け付ける時は、政策を相手に具体的に検討してもらい、賛意につながる可能性があるのでより丁寧な対応が重要で、十分な専門知識と経験のある解説者を民間から用意する場合もある。

賛成から行動（Action）に移す

災害による被害者への補助金申請を知らせたい、選挙の投票率を向上させたい、サミットなどの国際行事に伴う交通規制に協力を得たい——そうした場合、事前にタイミングを知らせて行動予定に組み込んでもらうために、それぞれ締め切りの日限、例えば投票日などを知らせることが課題になる。

こうした場合、あまり前に広報すると実際の行動予定に反映されないこともあるので、期近も含めて複数のタイミングで広報するほうがより周知徹底される。２０１９年のG20大阪サミットでは、半年以上前と期近に分けてお知らせをし、加えて吉本興業の協力を得たこともあって、大阪の皆さんから交通規制に完璧な協力を得ることができた。

人々の行動に影響を与えるほどインパクトのあるコンテンツの制作は、メディアのプロの間でも最も高い技量が求められる難題だ。政府広報でも民間への委託を活用して制作するが、その際に大事なことは、広報の狙い——誰に、どんな行動を求めるのか（あるいは止めてもらうのか）、行動の中止によって達成しようとする目的は何か——を委託先に明らかにすることだ。そうすれば受託した民間からの企画や提案はより具体的になり、狙いを組み込んだインパクトある映像コンテンツができる。

例えば２０２０年４月、若い世代で新型コロナウイルスによる重症者が少なかった当時、感染者を増やさないために、若者がマスクをせずに大勢で飲み会をし、飛沫を出す画像を１分ほどの映像にして発信した。飛沫を赤色にして不穏さを醸し出し、街中に広がっていく画像は、２０２１年６月末までに１３０万回を超えるアクセスを得た（２）。この手法による政府広報では、それまでにない効果が窺《うかが》われた。

また、２０２０年５月後半に緊急事態宣言が解除された頃には、帰省で郷里へドライブする際に気を付けて欲しいことをコンテンツとして発信した。

この年前半には、コロナの蔓延により医療機関へ行くこと自体が停滞したため、ガンの検診件数、幼児に免疫を与えるための予防接種受診件数も大きく減った。「医療機関に行って新型コロナウイルスがうつるのではないか」という不安からだと思われる。しかし、ガンの発見や幼児の免疫力取得が遅れると、健康上、別の問題が起こりかねない。新型コロナウイルスの感染者が現れて半年を経過した頃には、医療機関に隔離対策も浸透し、検査への支障もなくなっていたので、検診を怠らずに受けるよう勧める広報をした。見た人を受検という行動に移すことがカギなので、30秒のテレビ広報で、誰から受検を勧めてもらうのが効果的かを考え、ガンの検診勧奨は国立がん研究センター・中釜斉理事長に、幼児への予防接種励行は秋山千枝子・元日本小児保健協会会長にお願いした(3)。

実際に行動(action)に移してもらうために勧め役への信頼は大事であり、そのためにも普段から役立ちそうな情報を、関心(attention)を得るのが目的という場合よりもさらに詳しく、精確に提供しておくことが肝要だ。これと似たことを、英オックスフォード大学講師のレイチェル・ボッツマンが指摘している。

「①California roll 原則(今でこそ『Sushi』で広く伝わる寿司だが、初期に米国で客の関心を引き、注文して食べてもらうまでに寿司職人がどんな工夫をしたか?)、②WIIFM(What's in it for me?)ファクター(つまり自分にどんな関係があるか?)、③信

trust?』)

頼を持つ影響者、の3つが人々の行動につながる」(Rachel Botsman『Who can you trust?』)

カリフォルニア巻きに関しては、馴染みのない(unfamiliar)ものを馴染みある(familiar)ものに変えた事例として、誕生の逸話が紹介されている(以下に要約)。

——寿司が米国に入った1960年代後半。当時、米国の平均的な家庭では、生魚を食べる習慣はなく、生ものを食べることは危険と思われていた。寿司職人の真下一郎氏はロサンゼルスで寿司バーを経営しており、ある時、客に「馴染みのない食材が、皆さんに馴染みあるキュウリ、カニ、アボカドなどと共に盛り付けられていたらどうですか?」と尋ねた。米国人はライスが表に見え、海苔が内側に隠れている巻物を好むことにも気がついていた。

これがカリフォルニア巻きの始まりとされ、これ以降、米国で寿司需要が爆発的に増加したことが記載されている。教訓として、人々は全くの新しいものを欲するのではなく、馴染み方がこれまでと違っているものを欲する、との見方を紹介している。

これらの観点は、前出の3点、どうすれば相手に関心を抱かせ、自分の考えに賛同してもらい、そして自分が望む方向での行動をとってもらえるか、と深く関わっている。

SNSは迅速性、HPは総覧性

何かの問題について国民に関心を持ってもらいたい時や災害情報を知らせたい時は、SNSを使うのが一番よい。短時間で広範に発信できるからだ。同時に被害者やその知り合いの方から、人々がどこで何に困っているのかが通報され、対策作りが迅速に進む。可能なら画像も加えて送信すれば、画像が人々の関心を倍加する。第2次安倍政権の間には、ツイッターやフェイスブックを多用し、途中からインスタグラムも加えた。

それと並行して、政府として、事態の把握と状況をよりフォーマルな形で発信した。災害時や北朝鮮によるミサイル発射など非常事態時には、官房長官をはじめ関係大臣、官房副長官、内閣危機管理監などが官邸に緊急参集する。内閣広報官もその一人だ。電話で緊急招集を受けると、原則として30分以内に、明け方の場合には自分で車を運転して出邸した。菅前総理は官房長官当時、他のメンバーより早く出邸することが多く、記者への会見も迅速だった。

総理大臣へ報告し、指示を仰ぎながら、逐次、方針と対策を決め、官房長官や関係省庁が記者会見を開いて発表する。必要であれば、ホームページ（HP）でも公表され、予防に役立てられる。災害が甚大な場合には連日、こうした会議や会見が行われた。ミサイル発射などの場合には、国家安全保障会議（ＮＳＣ）も開催された。

ＨＰは、多くの人々の多様な関心に対して総覧的に答えることができるので、工夫して活用すると威力を発揮する。加えて、すでに社会に広く浸透しているため「詳しくはホームページをご覧ください」からＨＰを開く方も多い。

ただしＨＰは、相手側からのアプローチを「待つ」場であることを忘れてはならず、ツイッターで「ホームページをご覧ください」「ホームページを更新しました」といった発信を繰り返すなど、ＳＮＳとの組み合わせで働きかけることが肝要だ。

また、多数のコンテンツを詰め込み過ぎて、見る側が見たい内容に届くまでに苦労をかけることもしばしばある。ＨＰの制作と更新に当たり、肝に銘ずべき点だ。だから、民間の技、自治体や企業の優れた事例、ユーザーからの意見などを大事にして、不断の改善が求められる。「広報したい内容がどこかに載っていればいい」などと考えず、ユーザーの利便性に気を回すよう心がけなくてはならない。

伝統的広報ルート①新聞

規模、ネットワークの広がり、新聞社という組織及びそこで勤務する記者のプロ意識、国民からの信頼など、あらゆる点から見てＮＨＫ（日本放送協会）とともに新聞、特に全国紙を抜きに官邸広報を考えることはできない。消費税の軽減税率が適用される日刊紙は、法律の上でも国民生活にもたらす特別の意義が認められた存在である。ＮＨＫは後述するように存在自体が法律に根拠をもつ。

日刊新聞の発行部数は漸減傾向にある。新聞販売業を営む家に育ち、中学の３年間朝刊の配達をした私にとっては寂しいことだが、政界、財界、官庁では今も変わらず広く読まれているので、影響力という点では部数ほど減じてはいない。

政府広報室は、マイナンバーカード取得の呼びかけのような国民に広く知らせるべきテーマの広報用に、新聞への広告出稿予算を毎年度確保し、各省庁からの広報要望も踏まえ政府広報を実施している。通常は10億円程度の予算額だが、コロナの広報対策には２０２０年度補正予算でさらに手当てした。

新聞に対する国民の信頼度は高いので、紙面は政府広報実施の場となる。各新聞にはそれぞれの主張と志向があって、読み手も様々であり、販売部数にも差があるが、全国に満遍なく知らせた方がよい場合は、全国紙はもとより地方紙のすべてに掲載することを原則としている。よって、1回の広報費用も、新聞モノクロ5段（1ページの下3分の1のスペース）の場合でも、全国紙プラス地方紙で約1億円、カラーや全面の場合はさらに増額となる。テーマによっては、一部の新聞だけを使うこともあるし、第1面に小さなスペースを購入する方法も使っている。

2020年5月、コロナ禍対策としての「1人10万円給付」では、全国民に漏れなく知ってもらうべく、目立つように日刊紙の一面全体を購入した。スポーツ紙、夕刊紙、業界紙も含めたので、費用は新聞関係だけで4億円近くに達した。テレビやインターネットによる広報も実施したが、約1億2000万人すべての方に受け取ってもらいたかったがゆえの特別な措置である。

費用対効果と編集権の壁

新聞の紙面を使う広報に対しては、効果と価格の点で消極的評価もある。全てのページを隈なく読む人はそう多くはなく、広報が掲載された紙面は読み飛ばされることはないのか？　掲載したページが見られたとして、いつまで読み手の記憶に残るのか？　保存してもらえるのか？　それでいて広報コンテンツの掲載価格はネット広告に比べると高い。しかも、ネット広報だとカラーであり、見出しで検索すると見る側の関心に応じて詳細な情報や解説も提供できる、スマホで持ち運べるという利点もある、等々。

しかし、ネットに馴染んでいない人々が主たる広報対象のこともある。例えば、後を絶たないオレオレ詐欺は、被害者の多くがネットを見ない高齢者であり、注意喚起のための広報をネットだけに頼るわけにはいかない。

また、各新聞社はそれぞれの主張を持ち、すべての社が「編集権」を有する。編集権の行使により、自社の「主張」に沿って、政府側の発信内容を取捨選択し、自社が信ずるところに従った報道にする。憲法で保障された表現の自由に関わる部分である。もちろん、総理会見や官邸での会議、行事などの報道も広報効果をもつが、それ以前の論点として、新聞の紙面スペースの上限もある。だから、会見で答えた内容や報道資料で発表した内容が報じられないこともしばしばだ。

ボッツマンの前掲書では、２０１６年のトランプの大統領選勝利やブレグジット(Brexit)を決めた英国の国民投票を例に、読者側に自らの好みに合うメディアからの情報しか入ってこない「フィルターバブル状態」(エコーチェンバー効果とも言われる)が珍しくなくなっていることを指摘している。民主党のオバマ大統領でさえ、任期８年を全うした2017年1月、大統領としての最後のスピーチで、「我々は、エビデンスに基づいた意見を形成するのではなく、それが正しいものであろうとなかろうと、自分たちの意見に合う情報だけを採り入れるようにますますなっている」と述べた。ボッツマンは「これは民主主義にとって良くない」としている（前掲書）。

そこで、政府広報を着実に行うために、各新聞の編集権による選択を回避し、自分たちの考えを起承転結で明らかにする手法として、紙面を購入し、広報したいテーマに沿ってシンポジウムや座談会を行い、その内容を「広告」と明示した上で掲載することも試みた（例えば2019年3月、日本経済新聞「スマホで見つける地方のしごと」）。

伝統的広報ルート②テレビ

テレビも新聞と同様、全国に広がるネットワークを持ち、勤務する記者のプロ意識に支えられ、職場や家庭を通じて、多くの国民が深く馴染んだメディアである。しかも、画像と音声が組み合わさり、目と耳から同時に入るので大きな影響力をもつ。

ニュース番組は朝早くから、昼を挟んで夜遅くまで放送される。その他の時間帯でもニュースや情報番組が増え、出演するコメンテーターが事実だけでなく、自分の考えを加えて語るので、見る人への影響力は非常に大きい。

テレビについては放送法という規律があり、放送事業者は、それに従って活動する。同法は、「国民に最大限に普及されて効用をもたらすこと」「不偏不党」「表現の自由の確保」などを目的として明記している。また、「番組の編集に当たっては、政治的に公平」「報道は事実をまげないですること」「意見が対立している問題については、できるだけ多くの角度から論点を明らかにすること」などが定められている。

だから、政府広報でもテレビは有力な手段だ。コロナ対策でも大いに活用した。先に述べた、中釜理事長と秋山会長に出て頂いたガン検診と幼児への免疫付与を勧める広報は、全国5つの民放テレビ局ネットワークから30秒のスポット枠を購入して実施した。1枠1週間で約8000万円を要したが、毎日放映され効果をあげたと思っている。

民放とNHKとで異なる動きを見せることがある。NHKは放送法に根拠を持つ法人で、「公共の福祉のために、あまねく日本全国において受信できるように豊かで、かつ、良い放送番組による」放送を行うことを目的として明記されている。民放の場合、放送法には従うが、上場企業が多い。番組のスポンサーの存在が大きく、番組内容への視聴率の影響度がNHKの場合を大きく上回ると思われる。NHKは、公益性という位置づけにより、高い視聴率が期待できない場合でも、総理記者会見や国会審議を中継してくれる。そして、その内容は、その後ニュースで全国に流れるので、広報効果は増幅する。

また、NHKは全国規模の放送網、取材網を持つので、影響力も全国に及ぶ。国会議員にとっては、首都での国会を中心とした活動だけでなく、地元での動静も取材や報道の対象となる。映像が流れ、どのような「映り」をするかが印象と説得力に影響する。特に事故やトラブルの際は厳粛な映りが妥当であり、他方、励ましたり、将来への展望を述べる場合には、明るくハキハキした映りが相応しい。

生中継での会見は放映側により編集されない。ただ、抽象的表現が続いたり、長過ぎると視聴が減ったり、感度が下がる恐れがある。

一方、ラジオは運転中の車の中や、また理美容店や小売店など集客のある場所でもよく聞かれるので、人気の高いパーソナリティの番組など、広報ルートとしてユニークな強さをもつ。

インフルエンサーが多い場でのスピーチも有用だ。安倍総理は、第1次政権時の2007年5月、アジアの首脳や国内外の有力者が招かれた日本経済新聞社主催の「アジアの未来」の夕食会で、同社の了承を得て「美しい星」と題するスピーチを行った。そこには他社の報道関係者も同席し、総理は数週間後に予定されるハイリゲンダム・サミットで打ち出す地球温暖化対策について、まとまった形で発信することができた。第2次政権でも、ダボス会議や米国のシンクタンクや投資家の集まる場で同様の手法を用いた。民間のリーダーもこうした場を借りて、重要テーマを体系的な形で広報することが重要になってきている。

発信に対する360度評価

広報は、広報単独の行為だけでは成り立たない。政治、経済、人の交流などを含めた総合的視点からの営為である。重要なことは、広報の宛先（Addressee）をきちんと意識し、それに応じた発信内容の作成と、場の選定をきちんとすることである。発信内容では「芯」（軸）を維持することだ。その上で、どの部分にアクセントを置くか、表現のトーンをどのように設定するのかを臨機応変に判断しなければならない。

広報に模範解答はない。その時の相手の状況、国内・海外の世論などに、相手の心理・考えが影響を受ける。目指した「目的のどの部分が、どの程度まで達成できたか？」を検証し、必要な修正をする。部下や友人、時には家族からの本音の評価など、第三者による評価の双方が重要だ。それが、自分の発信に対する「３６０度評価」であることを付け加えておきたい。

（1）http://www.kantei.go.jp/jp/headline/heiwa_anzen.html
（2）https://youtu.be/Qoc9oTkjzYU
（3）https://nettv.gov-online.go.jp/prg/prg21160.html
https://nettv.gov-online.go.jp/prg/prg21159.html

第二章　外国向け広報はなぜ重要か

訪米で痛感した情報発信の必要性

続いて、海外向けの広報の基本戦略について説明しよう。日本のリーダーと政権のスタンスを正しく理解してもらうことから、日本という国の魅力の発信まで、守備範囲は広い。また、第一章で述べた国内向けと、言語はもとより文化習慣や思考様式も異なる外国向けとでは様々な違いのあることに留意しなくてはならない。歴史認識をめぐる問題など、当事国で大きく見解が異なる場合もあり、時に対立的な発信も必要になる。

第2次安倍政権発足以前から、中国との関係は厳しくなっており、日中関係の改善が重要な課題となっていた。ニューヨーク・タイムズ紙の日本及び中国の支局長を歴任したコロンビア大学大学院教授のホワード・フレンチは、著書『Everything Under the Heavens』の中でこう記している。「中国は江沢民時代に、毛沢東時代の態度を変え、反日歴史教育を強めた」(195、202頁)。「2008年12月に、19世紀以前から日本がコントロールしてきた尖閣諸島沖に、中国海洋監視船が初めて9時間にわたり停船した。それも同月13日の初回の日中韓サミットの直前に。温家宝総理も気まずいタイミングで訪日した」(189、211頁)

　第2次安倍政権は2012年12月26日に発足するが、翌13年1月、東シナ海で自衛隊艦船が中国艦船からレーダー照射を受けるという事件が起きた。4月、中国は「尖閣諸島は中国にとっての核心的利益(core interest)」と唱える。6月には、習近平氏が中国主席として訪米、オバマ大統領と初の米中首脳会談で「新しいタイプの超大国関係の建設」を目指すと明らかにする。太平洋を両国で分割し、西太平洋は中国の影響下に置くとも取れる内容だった。そして11月になると、中国は東シナ海上空に防空識別ゾーン(Air Defense Identification Zone：ADIZ)を設置すると発表した。

　日本は、中国との首脳会談を模索したが、安倍総理と習主席との初会談の実現は14年11月にまでずれこんだ。

　他方、韓国では朴槿恵《パククネ》新政権成立が決まり、慰安婦問題を中心にした歴史問題で前政権のスタンスをどう引き継ぐのかが注目されていた。13年2月に発足した朴政権は、日本に対して硬い態度を採る一方で、中国との交流には熱心に取り組んだ。また、在外の中国系や韓国系の勢力により、誤った日本のイメージが作られて米国でも流布され、慰安婦像の設置の動きにつながった。14年1月には、中国ハルピン駅に安重根記念館が設置される。

こうした中、安倍政権発足から半年後の13年6月、私は菅官房長官から「内閣広報官をするように。特に外国での広報をしっかりやってほしい」と命じられ、首相補佐官と内閣広報官を併任することになった。7月1日の発令直後、まずは米国の実状を自らの感覚で把握すべきだと考え、ボストン、ワシントンD.C.、ニューヨークを訪問し、政財界の要人に「安倍内閣は経済改革優先で、TPP（環太平洋パートナーシップ）協定交渉にも前向き」だと伝え、意見交換をした。

折から米上院では、南シナ海、東シナ海における中国の行動に対して、牽制する意識が高まっていた。「SENKAKU周辺での中国艦船による自衛艦へのレーダー照射や中国巡視船の侵入が緊張を高めている」、「SENKAKU諸島は日本の施政下にあり、日米安保条約の適用対象」などを含む「地域の関係国は威迫や力を行使せず、協力すべきである」という内容の決議案が熟していた時期で、議員やスタッフとよい議論ができた。決議案はほどなく成立し、米上院の対中非難決議167となる。
この時痛感したのは、日本と安倍政権に関する情報や理解が圧倒的に少ないことだった。他方、中国と韓国から米国への留学生は増え続けており、同時に両国は積極的に米国関係者を自国にも招聘していた。帰国後、私はさっそく対米プロジェクトを開始した。

『We Are Tomodachi』「Japan Library」

対外向け広報は、日本や日本人の良い点、知ってもらいたい点を広める発信と、間違ったイメージを正す発信の両面で始めた。日本では伝統的に表立って主張するよりも、相手にアプローチして鎮める、和するというやり方が好まれるが、外国向けではこれを改めることにした。もちろん、表現の仕方に気を付けたことは言うまでもない。
まず日本の良い点を発信するために、ハイテクなど技術力による革新的プロジェクトや日本人が取り組んでいる政府開発援助（ＯＤＡ）プロジェクト、地方の四季に応じた風景の美しさ、女性の活躍、訪日外国人による日本への評価などを集めた季刊誌『We Are Tomodachi』を発刊した。この雑誌の発行は私が退任するまでに44号に達した。言語は基本的に英語だが、フランス語、ロシア語版もあった。電子配信を基本としながら、総理の外国訪問時に配布できるよう、冊子形態で制作することもあった。

さらに、アカデミア、オピニオン・リーダー、読書好きの知識層を念頭に、腰を落ち着けて日本の魅力や歴史を深く理解してもらえるように、日本の書籍100冊の英訳を目指す「Japan Library」の立ち上げに着手。学界、論壇、官界、財界などの識者に選定委員になって頂いた。はじめは在外公館などに配布し、その後、販売も始めた。

領土・領海、歴史、日本海をテーマにした書物も含め、これまでのところ、『「日中」外交戦争』(読売新聞政治部)、『戦後70年談話の論点』(21世紀構想懇談会編)、『日本の領土』(芹田健太郎)、『日韓歴史認識問題とは何か』(木村幹)、『外交ドキュメント歴史認識』(服部龍二)、『戦後日本の歴史認識』(五百旗頭薫、小宮一夫、細谷雄一、宮城大蔵、東京財団政治外交検証研究会編)などが採り上げられている。

一般人と議員による交流プロジェクト

さらに、一般の皆さんから参加を募り、「歩こうアメリカ・カナダ、語ろうニッポン」プログラムをスタートした。大使経験者を団長として、米国とカナダを訪れ、現地の皆さんと英語で日本を語り合って頂くのだ。北米は広く、日本の大使館や総領事館の手が届きにくい地がある中で、州や市の議会で根拠のない日本批判の動きが現れることもあるため、在外公館の守備範囲を補完してもらおうと考えたのだ。日本は、市民自らが、それぞれ多彩な関心や視点で、自分の考えや日本の魅力を自由に披瀝できる民主主義の国であることを示す狙いもあった。初年度に80歳近い女性が、かつての滞米経験を活かして参加してくれたのには感激した。2020年からはコロナ禍によってウェブ会議方式になっているが、いまだに続いていることは嬉しいかぎりだ。

それと並行して、国会議員の方に訪米（特にワシントン）してもらい、米国議員との会談やディベートをお願いした。そもそも国会議員は国民の代表であり、国の意思を決める当事者なのだから、日本の議員が米国の議員と直接に見《まみ》える意義は大きい。

日本では米国での人脈強化の必要性を感じている議員は多く、かつ在外公館勤務や留学で英語が堪能な方も増えている。通訳なしで単独で活動できる方なら、急な日程設定にも応じられるので、滞在期間中に会える米国議員の数も多くなる。

日本でもそうだが、議会関連の日程は流動的で、前日までアポが決まらないものが、当日になって「1時間後なら空くよ」と急転することも多い。2017年の参加は5名の参議院議員となり、2日半のワシントン滞在中に面談した米議員は、上・下院合わせて22名に達した。ワシントンの後、トロント、シカゴ、テキサス、カリフォルニアなどを各議員がそれぞれに訪問し、同時に各地での活動ができた。

地方の歴史と活動を伝える

プロジェクトでは地方の協力も得た。日本の地方には、困った外国人を救った人物とゆかりのある場所がある。例えばトルコが世界有数の親日国であるのは、1890年に和歌山県潮岬《しおのみさき》沖で難破したトルコ船の船員を、地元の方が献身的に救助したことに由来する。こうした地方の歴史も日本発信の柱の一つだった。

杉原千畝《ちうね》に関しては岐阜県八百津町《やおつちょう》が有名だが、敦賀市にも世界に伝えるべき歴史がある。1940年、杉原が発行した通過ビザを携えた多くのユダヤ人が、日本企業の手配した船でウラジオストックを経て敦賀に辿《たど》り着く。憔悴しきったユダヤ人たちを見た地元住民が救いの手を差しのべた。またこれに先立つ1920年、ポーランドの孤児にも住まいと食料を提供している。「困った人がいたら、誰であろうと救う」を実践した歴史を後世に伝える敦賀ムゼウムは、2020年秋に増築され、関係国の駐日大使が来賓として式典に参加してくれた。「歩こうアメリカ・カナダ、語ろうニッポン」には敦賀市出身の学生が参加し、また時をあらためて渕上隆信敦賀市長も訪米している。

ちなみに地方からの発信では、対馬、京丹後や敦賀の白砂青松に押し寄せる日本海の海洋ゴミも重要テーマだった。地元の方を中心にしたボランティア活動で、毎年海水浴シーズンを前に大掃除が行われる。海岸の美しさと人々の清掃活動について季刊誌や米国の放送番組などで広め、NHKでも国際放送で発信した。

しかし、ゴミはそうした活動を踏みにじるように容赦なくやってくる。漢字やハングルのついたゴミの、何と多いことか。中国も韓国も、2019年大阪G20サミットでプラごみ対策実施で合意しているが、ゴミ問題そっちのけで「日本海は東海」との主張を繰り返しているのは残念である。

総理のスピーチ、メディアへの投稿

対外広報では、総理大臣や閣僚が大きな役割を果たす。先述のように、安倍総理には外国訪問時に、インフルエンサーの集まる場で積極的にスピーチをして頂いた。ワシントンでは、ナンシー・ペロシ下院議長をはじめ多数の上下両院議員に全米商工会議所に参集してもらい、ニューヨークではウォールストリートや外交問題評議会などで、欧州ではダボス会議やシティ・オブ・ロンドン主催歓迎晩餐会で、アジアではシャングリラ会議で、それぞれスピーチをし、質疑に対応した。そして、14年には豪州議会本会議、15年には米国連邦議会上下両院合同会議でスピーチを行った。内容と反響はもとより、こうした場に招待されること自体も対外広報としてインパクトをもつのだ。

外国メディアからのインタビューも積極的に実施し、G7サミットや国連総会で訪米する前には、外国メディアへの投稿が定例化した。テーマは経済政策、安全保障・北朝鮮、地球環境、健康と保健、女性の活躍など多岐にわたり、フィナンシャル・タイムズ、ニューヨーク・タイムズ、ウォール・ストリート・ジャーナル、CNN、ブルームバーグ、ハフィントン・ポスト、ランセットなど、欧米の主要メディアに満遍なく投稿された（第三章参照）。

訪日する米国議員の数が増え、海外留学生を応援する文部科学省の「トビタテ！留学JAPAN」プロジェクトも盛んになった。また、以前からある日本で英語を教える外国人を招く「JETプログラム」も大事な役割を果たしている。こうした努力が相乗した結果、何より訪日する外国首脳の数が増えた。

慰安婦問題での基本方針

2013年末に安倍総理が靖国神社を参拝した。参拝については、総理自身が考え方を明らかにしている(1)。14年になると、中国、韓国の総理批判はさらに強まる。1月のダボス会議では、中国メディアに一部の欧州メディアも乗り、批判的発信が強まった。

慰安婦像対策はタフな仕事だった。米国へ移住する韓国人は増加し、州によっては現地で投票権を得る。現地の政治のプレーヤーになるので、日本政府が外交を試みても、欧米諸国の地方の首長や議員には及びにくい。

広報活動で、私たちは「日本政府はこの問題に真摯に向き合い、幾代もの総理大臣がお詫びを表明している」、「慰安婦の皆さんの健康支援を日本の国家資金を使って実施しており、歴代の韓国政権も一旦は受け入れている。しかし、その後の政権による蒸し返しが繰り返されている」と説明した。その上で、韓国関係者から出される情報は一方的であることを示すために、作り手が日本人でない資料を集め、紹介した。

例えば、旧日本軍兵士に同行する朝鮮半島出身慰安婦の様子を記した連合軍の文書、朝鮮戦争時に兵隊の慰安婦になった女性が自分たちの名誉回復が不十分として韓国政府を訴えた韓国内での裁判など、最近の韓国での売春婦を報じた米英メディアの記事、韓国の朴裕河教授による従来の韓国政府のスタンスとは異なる慰安婦の実像の見方など。「日本人でない人がこう報じている」と示すことが、主張の客観性を増すと考えたのだ。

驚いたことに、韓国内で朴教授は「慰安婦の名誉を傷つけた」として刑事訴追された。私たちはこの件を「韓国ではアカデミアによる研究の自由までも侵害される証左」として紹介した。ただし、2015年末の慰安婦問題に関する日韓合意成立により、慰安婦に関するこうした活動は停止した。

秦郁彦氏『慰安婦と戦場の性』英訳の一件

前任の対外広報担当者から引き継いだ件に、秦郁彦氏の著作『慰安婦と戦場の性』（新潮選書）を英訳し、海外へ普及させるのを助成するという案件があった。この件については、秦氏が、公刊物の中で私を名指しで批判しているので、私の考えと対応を記しておきたい。

まず、政府資金で助成をする以上は、手続きの透明さと十分な助成効果が必要だ。当時の外務省の幹部の一部は、外国での慰安婦についての誤解を解くものとして、英訳に対する助成に前向きだったようだ（事実、私への引継ぎ案件に有ったわけだから）。

特定の書物の翻訳を助成するのであれば、政府として説明責任を負う。政府が助成すれば、政府が関与し、支持したものとなるので、かえって対日攻撃の材料になりかねないが、私には次の3点がひっかかった。

第一に、当時の日本の性道徳レベル、特に地方での低さとその捌け口を朝鮮半島に求めたとの記述がある(2)。これは韓国側の日本批判ナラティヴに合致し、「日本政府も助成したのだから、この見方を支持している」と言われかねない。国内でも「昔の日本の問題点を、政府資金を使ってまで外国に広めるのか?」との批判が出る恐れもある。

第二に、「アイゼンハワー元帥の専属運転手だったイギリス人女性兵士(既婚)は現地妻の役目を果した」(147頁)との記述について、米国大統領になった人物のそうした行状を、日本政府の資金で英訳して海外に普及する必要があるか、という疑問。

第三に、後半の数章にある、朝鮮半島だけでなく、中国をはじめ他のアジアの国々からも日本軍は多くの若い女性を慰安婦として確保したという記述。韓国以外の国とは既に慰安婦問題を解決してきたのに、また問題を再燃させるのか? 実際上、慰安婦を巡る韓国との対立だけでも苦労しているところに、他のアジア諸国まで巻き込んだらどうなるか。

秦氏には私の以上3点の懸念をお伝えし、助成する以上は第一、第二の記述の工夫、第三の記述箇所の切り離しなどをお願いしたが、断られた。むろん、政府の助成を使わないのであれば、秦氏が自らの著作をどのように英訳して海外に広めるかは、全面的に同氏の裁量による。

地道な努力の末の慰安婦合意

近年、ベトナム戦争時の韓国兵士によるベトナム人への蛮行と、ライダイハン（韓国人とベトナム人の混血児）問題が英国などで関心を集めている。またTBSワシントン支局に勤務していた山口敬之氏が、韓国兵士のベトナムでの行状を示す米国の文書を発掘した。慰安婦問題で韓国は日本を激しく批判している。その国の兵士がベトナム戦争当時に何をしたか、関心のある方も多いと思うが、公表されないまま今日に至っている。

私は訪米時、戦時暴力の犠牲者対策という世界全体が取り組むべき問題について、70年以上前の日韓の歴史問題という文脈に限定して論じるのではなく、世界のどこでも繰り返してはならない、普遍的な問題として取り組むべきだと主張した。

ただ、米国では相手の関心の度合いの差にも直面した。「あなたの話は理解するし賛成だが、日韓両国には仲良くして欲しい」、「米国には歴史の中の被害者を忘れないために多くの像があるが、撤去せよという人はいない」、「これは市レベルのローカルイシューであり、ワシントンの手は及ばない」と言われることもあった。

何といっても、米国で選挙権をもつ居住者の数では、中国系、韓国系の伸びは大きい。日本のソフトパワーの総力を挙げて、米国の人々の心に刺さる形を工夫し、発信し続けなければならない。こうした中で在外公館はそれぞれに頑張り、官邸と外務本省と在外公館の連携は強くなった。正直きつかったが、「日本の名誉が懸かっている」という意識を絶やさずに臨んだ。

カリフォルニア州グレンデールのように像が建った場所もあったが、ある州では議会決議を防ぎ、ある大都市では目立つ場所に像が設置されるのを防ぎ、ある名門大学ではキャンパス内に一度設置された像を撤去させたりもした。ドイツでも最近、ベルリンで像が建てられたそうだが、別の都市では目立つ場所から像が別の地点に移されたり、マニラでは公共スペースから撤去されたりと、在外公館の努力が結実してもいる。

こうした努力を報じたい、とメディアに言われることもあったが、私は断ってきた。なぜなら、一か所で成果が出たと報じられると、さらに多くの箇所で韓国側の動きを招き、設置される像が逆に増えかねないと考えたからだ。韓国系の人々にとっての慰安婦問題は世代を超えての最重要事項であり、歴史問題というより国民運動にも見えた。

戦後70周年を迎える２０１５年4月、安倍総理は、米国連邦議会上下両院合同会議に招かれて演説し、歴史認識も含めて、すべての米国の上下連邦議員に直に明らかにした（3）。

また国内では、同年8月14日に「戦後70年談話」を、両与党の支持の上に閣議決定し、政府の考え方として明らかにしている（4）。

一方で、中国はこの年9月、北京天安門広場で抗日戦争勝利70周年行事を開催。西側民主主義諸国からの国家のトップが出席しない中で、韓国の朴槿恵大統領は出席し、中国寄りの姿勢を鮮明にした。しかしその後、２０１５年の末には、谷内正太郎国家安全保障局長の精力的で粘り強い努力の上に、岸田文雄・尹炳世《ユンビョンセ》日韓両国外相間で慰安婦問題を最終的かつ不可逆的に解決する合意ができ、安倍総理と朴大統領が直接電話会談をして、合意を確認するにいたったことはご存じの通りだ（5）。

残念なことに、朴氏は、大統領としては一度も訪日しないまま職を終えた。実は、同氏の選挙区は和歌山県の或る地域と深い縁をもっている。16世紀の文禄・慶長の役の際、加藤清正の配下として朝鮮に渡った沙也可《さやか》は、その後、日本に戻らず朝鮮半島に居ついたとされる。沙也可は、現在の和歌山県から出兵した雑賀衆《さいかしゅう》という説が有力で、その子孫が居ついた地域が慶尚北道大邱《テグ》近くの亀尾《クミ》地区だという。ここは朴氏が国会議員だった当時、同氏の選挙区であり、工業団地としても有名で日本の有力企業が投資、操業している。朴氏が大統領選に出馬する前、二階俊博経済産業大臣を表敬訪問した際に、私も陪席したことがあった。

低下する好感度、遠ざかる未来志向

概して言うと、韓国は日本に対して、慰安婦、竹島などを歴史認識に絡めて、「一本槍」で国民運動のように迫って来る。在外の韓国系も強いエネルギーで運動を展開する。金大中《キムデジュン》政権までの韓国では、北朝鮮を相手に日本との間で安全保障面での協力が存在し、経済面での協力も求める中で、この一本槍を乗り越えようとする対応が明確だった。その後は、スポーツやドラマを通して国民の間で好感度が上がった時期もあった。

この間、何人もの日本の総理大臣がお詫びを表明し、韓国の大統領の中にも、未来志向による日韓協力を強調された方もいた。また多くの日本人は戦前の日本の歴史を学び、反省すべきことを反省しているので、繰り返し謝罪を求めてくる韓国側にうんざりしていることと思う。そして文在寅《ムンジェイン》政権は、北朝鮮との統合を重視し、日本との安全保障協力には興味を示さず、両国間の距離は縮まらず、日本人の対韓好感度も低下している。

ただ私は、その底に根深い問題を感じている。かつては大きかった日本との経済格差が縮小し、一人当たりＧＤＰで韓国は日本に追いつき、デジタル普及度では世界でトップクラス、多くが英語も使いこなせるなど、韓国人の中に「日本に遠慮する必要はない」という意識があるのではないかということだ。

握手する日韓外相。2015年12月。時事

また韓国は、中国の日本への対応を視野に入れながら行動を決めているように感じられた。現実の国際政治ではこうした事大主義的な要素があるので、日本人が国際的な実力をもっと強めないと、問題は解決しないかもしれない。

話の前提として、韓国の元首である大統領は、日韓両国の国会で批准した条約に関し「司法の判断に行政は口を挟めない」と逃げるのではなく、国家として遵守すべきだ。その上で、日本側も「毅然として」と言うだけではなく、実力（経済、科学技術、学力、文化的ソフトを含む）を高める必要性がある。2019年7月に日本政府が半導体製造に使う化学物質などの韓国向けの輸出管理で、包括承認という特例扱いを止め、他の諸外国と同じ個別承認（輸出禁止ではない）に改めた際、韓国政府が大騒ぎしたことは記憶に新しい。他方、最近、中国がトラックの排ガス浄化に使う尿素を韓国向けに輸出制限したが、中国側に対し、あの時のように大々的に抗議した様子は見えない。

小田原潔外務政務官がウォール・ストリート・ジャーナルに投稿したように（2017年1月30日）、日韓両国には安全保障上の共通利害があり、少子高齢化対策、エネルギー輸入国など相通ずる課題がある。未来志向で協力を深めるべきだと思うのだが。むろん、2001年にJR新大久保駅でホームから転落した日本人を、命を賭して助けようとした李秀賢《イスヒョン》氏のことは、いつまでも銘記しておかなくてはならない。

大国である中国は、グローバルな勢力図の中で日本に対する方向も固める。だから、日本が米国と離間し、欧州とも緊密でなく、豪州や他のアジア諸国も中国に近づいた時には、中国の日本への対応は厳しさを増す。他方、日米同盟を緊密化し、欧州諸国のアジアへの現実認識が深まり、アジア諸国が本音に基づいて対中関係を構築しようとする試みを日本が有効にサポートできれば、中国は他の諸国の動きを踏まえて、日本への対応も改善させるだろう――これが安倍政権の考えだったと私は理解しているし、対外広報もそうした外交と軌を一にすべく努めた。

実際、日中双方の努力により、日中の首脳交流は一時よりはかなり回復したものの、習近平主席の中国は、19世紀以前の中華大国復活の「夢」を目指している。

中国警戒論へと傾いた米国

米国は日本の同盟国であり、中国や韓国への影響度も含め、政治、経済、アカデミア、メディアなどあらゆる点で世界全体に大きな影響力を持つ。従って、私たちの対外広報も、米国向け、英語に重点を置いた。キーワードは、広報の相手が持つ clout（政治的影響力）。ネットにおけるインフルエンサーに類似したものだ。

今でこそ米国内で「中国は競争国」だと公言されるが、私が官邸に勤めていた当時、米国では通商・金融面は別として、外交や安全保障面ではプロ・チャイナ（中国寄り）の傾向が強かった。米国のPR会社に広報サポートをお願いしても、友人からさえ「難しいね。ほとんどのロビーイング事務所に、中国関係者の顧客がいる」と言われたものだった。その意味で、南シナ海、東シナ海での中国の動きを牽制する2013年の上院決議（先述）は、私たちにとって「最初の一歩」だった。そして、東シナ海だけでなく、南シナ海での環境破壊、軍事基地化の実態を米欧に広く伝えることが、中国の強硬姿勢を米国や欧州に伝える上で有効ではないかと考えた。

米政府内も、対中国では「協調派」と「リアリティ派」に割れていたようだ。そんな中、14年4月、訪日したオバマ大統領が安倍総理との共同記者会見で尖閣諸島への日米安保条約の適用を明言したことは大きかった。ここに至るまで、外務本省、在米日本大使館の方々の計り知れない努力があったことは想像に難くない。TPPでは厳しい交渉続きだったが、安保面への好影響も生んでおり、アシュトン・カーター氏は、国防長官としては異例なことに「TPP成立は空母一隻に相当する」とも述べている。残念ながら、米国のTPP復帰はまだ見通しが立っていないが。

米国でまとまった中国警戒論が出たのは15年2月、国防総省顧問を務めた政治学者マイケル・ピルズベリー氏の著作『The Hundred-Year Marathon』（邦題『China 2049』）、いわゆる中国の100年マラソンだが、当時、米国内では表向き大きな反響を呼んだ様子はなかった。それが2017年1月にトランプ政権が発足すると、米国の中国への姿勢が変化を見せ、それが中国側にも反響。ピルズベリー氏も20年12月に国防総省の国防政策委員長に就任した。

中国重視から転じ始めた欧州

安倍政権が発足する以前から、欧州主要国には中国重視の対応が目立ち、中国から見て欧州は味方と感じられたのではないだろうか。キャメロン政権時代の英国、ある時期までのメルケル政権がそうだった。2015年頃の中国によるAIIB（アジアインフラ投資銀行）設立に際し、欧州主要国はこぞって出資、参加を表明した。

キャメロン英首相は、12年5月にダライ・ラマに会見して中国から激しい反発を受けるや、翌年12月に北京に赴き、「当面」付きだが、ダライ・ラマには「会わない」と伝えた旨が報じられている。また英国は人民元建てボンドの市場を提供し、原子力分野で中国からの投資を受け入れた。腑に落ちないことに、11年に薄熙来一家の補佐役だった英国人が重慶市で殺害された際、英国政府は直ちに検死を要求せず、議会でも批判された。英国政府関係者は「対中重視の背景として、リーマンショック直後の英国経済の混乱を回避するために、中国の貢献が大きかった」と述べていた。

しかし現在のジョンソン政権は様相を異にし、21年6月のG7サミット議長として「台湾」をコミュニケに明記し、アジアにおける防衛訓練にも艦船を派遣する。香港情勢にかんがみれば当然だろう。

一方、メルケル独首相の訪中回数は日本訪問の倍の12回。経済面で中国を重視することは理解できるが、訪中の前かあるいは後に、価値観を共にするG7仲間である日本も訪問できなかったものだろうか。16年の中国企業によるクーカ社（産業ロボットなどの製造メーカー）の買収は、ドイツにとって衝撃だったようだ。

日本側は、米国のシンクタンクが公表している、南シナ海の美しい海に土砂が入れられて人工島が作られ、そこが軍事基地化される画像を収集して欧州側に示し、中国の現実の行動への理解を促したりもした。

それと並行して、EUとは包括自由貿易協定の協議を始め、18年に締結に至った。EU首脳として就任時、英国キャメロン政権から反発されたルクセンブルク元首相のユンカー氏が委員長に、議長には親日国ポーランドのトゥスク元首相が就任したことも大きかった。両トップの下で、福島・東北産食材の規制緩和も進められた。協定合意の際の首脳会談では、ユンカー氏から今井尚哉総理大臣補佐官と鈴木庸一大使の貢献について言及があった。

最近になって中国による新疆ウイグル自治区での人権問題、香港の民主主義活動の取り締まりなどが相次ぎ、対中国アプローチでは、G7としての一体性の方を以前より重視しているようだ。

ASEANの日米中ヘッジ外交

アセアン（東南アジア諸国連合＝ASEAN）10か国は、それぞれが、中国、中華民族と長く、深い交流を有し、現に各国内の政治や経済で中国系の人々が活躍している。中国への経済依存も強く、対中関係の取り運びは政権にとって最重要課題の一つだ。そのアセアン諸国の中で、シンガポールは、通商、金融、情報などあらゆる面で存在感が大きく、リー・シェンロン首相はアセアン全体の雰囲気を代弁する発言をする。安倍政権発足当初には、安倍総理に対して説諭的トーンがあったが、時を追ってそのトーンは反転していった。

その後、中国が南シナ海での埋め立てを拡大し、軍事基地化を進めるに連れ、ベトナム、フィリピンなどによる対中反発が増す。フィリピンは２０１３年1月、中国に対し国際海洋法条約に基づき仲裁裁判手続きを開始した。

この年10月の東アジアサミット（アセアン10か国と、日中韓、豪、ニュージーランド、インド、さらには米、ロの首脳が、毎年、アセアン議長国に一堂に会して開催）で、南シナ海問題の話し合いによる解決と、地域の問題は域外国を含めずに地域内で解決することを強調する中国・李克強総理に対して、アセアン諸国の首脳を含め多くの首脳が反論した。

その中で安倍総理が議論をリードした。この傾向は、翌年以降の東アジアサミットでも続いた。ウォール・ストリート・ジャーナルはこう報じている。

「オバマ大統領が欠席する中で、中国による強い主張が予想されたが、注目は安倍総理に集まった。安倍総理は中国と領土問題を抱える国々に、『単独で対処せずに国際法に訴えるように』と発言し、共同声明は、航行の自由の重要性と国際法に従った論争の処理の必要性を初めて明記した」（２０１３年10月11－13日付）。

それぞれが自国一国だけでは中国と対峙できない諸国は、アセアンを通じての一体行動と、他の大国とのヘッジによる外交をする。米国はもとより、日本への期待は大きい。この地域との経済、広報、留学生などあらゆる面での交流を進め、国を挙げての関係強化が欠かせない。

選挙連勝で増した対外信用度

２０１２年12月の総選挙に勝ち同年末に政権を発足した後、安倍政権は、13年夏（参院選）、14年冬（衆院選）、16年夏（参）、17年秋（衆）、19年夏（参）と、５回の国政選挙に勝利した。Ｇ７諸国の中でも一、二を競う長期政権になったことで、日本の国際的存在感と訴求力は格段に上がった。

民主主義国家のリーダーにとって、多くの国民から支持を得て国政選挙で勝利し続けることは至難の業で、その難しさを最も肌で感じているのが首脳たちだろう。それは選挙で勝ち続ける安倍総理への他の首脳からの対応ぶりにも影響した。

前にふれたように、訪日する外国首脳の数、国際会議出席時の外国首脳との二者会談の数が増えていった。米国の民主党は14年11月の中間選挙で上下両院とも過半数を失うが、その40日後に、日本では予想以上の早期解散に出た安倍自民党は総選挙で大勝。その後のオバマ大統領の安倍総理への対応ぶりにも変化が感じられた。

中韓以外は向上する日本イメージ

第一章でも述べたが、広報はそれ単独では成り立たない。広報の影響力は、政治・外交、経済、科学技術、スポーツ、芸術などでの日本及び日本人への好感度とも関連するからだ。他人に当方の考え方に賛成してもらい、行動を促すためには、相手方の関心を呼び起こし、自分で試し、咀嚼してもらうことが重要だ。

その意味では、当時の菅官房長官が主導した観光振興政策により、12年には836万人だった訪日外国人観光客が毎年増えて、19年には4倍近い3188万人になったことで、日本、日本人の実像は確実に世界に広まった。2017年にBBC/Globe Scan社と米国メリーランド大学が、18か国とEUに対して行った世論調査を紹介する。注目したいのは以下の点だ。

「どの国の影響を肯定的に見るか」という質問に対して、日本について「肯定」との回答をしたのは56%で、カナダ、ドイツに次ぐ第3位、一方、「否定」の回答は24%だった。その3年前の14年調査では、日本肯定は49%で、ドイツ、カナダ、英国、フランスに次いで第5位、否定は30%だった。

また、「日本がもつ影響力をどう見るか」については、全調査国平均で56%が肯定的、否定的が24%。否定的な見方が多い国は18か国とEUのうち中国だけで75%（肯定的は22%）。17年調査ではなぜか韓国の数字がないが、14年の調査では全調査国平均で肯定的が48%、否定的が29%。否定的な見方が多いのは中国90%（肯定的が5%）、韓国79%（同15%）、ドイツ46%（同28%）だった。

一方、「日本国民が特定の外国を友好的に感ずるか？」の2011～19年の内閣府調査では、対米国は一貫して約80%だが、対中国は一貫して20%前後と低い。1980年代は天安門事件が起きた89年以前までは「親しみを感じる」との回答が70%台で推移していた。また対韓国では2010年前後に60%を超えていたのが、12年から40%に低下、19年には30%を割っている。相手を嫌うことがそのまま跳ね返って自国が嫌われる、というミラー・イメージがはっきり窺われる。

深化し続けるソフトパワー戦

今後も、日本らしい、そして日本人らしい活動や景観から広報素材をつくり、収集する努力を緩めてはならない。日本には世界に発信できる良さがたくさんある。四季折々の彩りに満ちた自然との交わり、時には自然と対峙しながらの暮らしぶりや生業《なりわい》、各地に根付いた伝統と歴史など、それらは地方に多く分布する。だから注意してほしいのは、官邸にばかり留まっていてはいけないということだ。

官邸では、議員、関係省庁、組織・団体の幹部、有識者、そして政治部を中心にしたメディアの方たちとは頻繁に交流できるが、日本の良さは日本全土で広く探し、その存在場所に行って直接に確かめる必要がある。考えてみれば、江戸幕府の開始は17世紀初め、東京遷都は19世紀後半になってからのことであり、この国にはその前から続くはるかに長い歴史がある。世界的にＥＳＧ（Environment ＝環境、Social ＝社会、Governance ＝企業統治）やＳＤＧｓ（Sustainable Development Goals ＝持続可能な開発目標）が求められている中で、国際的な物差しでも評価される着眼点や焦点の置き方による発信は、日本のソフトパワーを増す。

また、政府だけでなく、個々人や企業からの活動や発信が重要だ。日本は民主主義国なのだから。その方々自身にとっても、国際社会において、自らの行動や製品への評価を得るために、対外広報効果を意識したやり方が欠かせなくなっている。

繰り返しになるが、発信にあたっては国内向けの広報と同様、宛先（Addressee）をきちんと認識すること、発信内容の「芯・軸」を維持することだ。どの部分にアクセントを置くか、表現のトーンをどのように設定するか、臨機応変な対応が求められる。そして的確な英語。できれば中国語など他の外国語でも発信したい。特に、アフリカや中南米には多くの国連加盟国があり、両大陸向けにフランス語やスペイン語も欠かせない。

今後に向けた素材の仕入れでは、近い将来の世界を想定することが重要になる。「将来の想定」は難しい作業だが、今から1年後、5年後、さらには10年後のことを意識すれば、少なくとも「気候変動対策、環境対策への志向の強まり、かつ速まり」「民主主義の将来と国家体制間の競争」「デジタル化」「先進国や中国での高齢化」「経営者の引退と後継者問題」「低金利継続の行方」「女性の政治や財界での活躍の拡大」「中進国の購買力上昇と人口減少」「新型ウイルスの再来」などが重要テーマになるだろう。

これらを意識して、普段から「読むこと」と「頭の中での咀嚼」を続け、頭の引き出しの中に整理しておく。必要なInformationだけでなく、数多く、多種類のInformationを消化し、整理できることと、さらに2つの「I」、つまりInsightとIntelligenceだ。適度なペースで更新しておくと、相応しいTPOでの発信ができるだろう。反論も歓迎したらよい。それにより自分の思考や行動が深化するはずだ。それが自分自身だけでなく、組織と社会、日本のソフトパワーを高めることになるだろう。

日本のソフトパワー強化に向けて、官と民、年代や組織内のランクを問わずに意見交換をして頂きたい。コロナ禍ゆえに、日程の調整の手間や移動時間をかけず、多数の人々が同時に意見交換するやり方が広まったのは確かだから。

外国向けの広報はある種の情報戦である以上、常に通用する模範解答はない。海外から反響を集めながら、当初目指した「目的のどの部分が、どの程度に達成できたか？」を検証し、改善を重ねていく。各国のソフトパワー戦はますます深化し続けるだろう。

（1） https://www.mofa.go.jp/mofaj/a_o/rp/page24_000177.html
（2） 一九三〇年末の調査では、朝鮮在住の娼妓で日本人の六割が売春婦出身であるのに対し、朝鮮人の五割以上が無職、農業、女中など非風俗分野からの参入（44～45頁）。大正期までの日本の農漁村では……性道徳や貞操観念が薄かった（49頁）。麻生徹男軍医の回想記に日本人二十数人、朝鮮人八十人は北九州から来たが、前者は性病経験のあるベテラン娼婦が多く、後者は若い未経験者が主力だったらしい（71頁）。麻生軍医が検診の実績から「内地人の大部分は……甚だ如何はしき者のみにて、年齢も殆んど二十歳を過ぎ、中には四十歳になりなんとする者ありて、既往に売淫稼業を数年経来し者のみなりき。半島人の若年齢且つ初心な者の多き」との評価に、軍当局が共感したせいかもしれない（88頁）。

（3）https://www.mofa.go.jp/mofaj/na/na1/us/page4_001149.html
（4）https://warp.ndl.go.jp/info:ndljp/pid/10992693/www.kantei.go.jp/jp/97_abe/discource/20150814danwa.html
（5）https://www.mofa.go.jp/mofaj/a_o/na/kr/page4_001664.html

第三章　首脳外交、ゴーン事件、コロナ禍の渦中で

米政界要人へのアプローチ

ここまで、国内外へ向けた広報戦略の基本について説明してきた。ここからは、私が関わった個別の事案について少し掘り下げて紹介する。日本にとって同盟国アメリカの政権交代、中国との関係、さらにはパンデミック対応と、憲政史上最長政権下での激動に内閣広報の職務も多忙を極めた時期だ。私自身の意見や論評はなるべく控えるが、関係者が今後に生かせるよう、あらためて記録と経緯をまとめておく。

前章で述べた、議員に同行した米国への訪問を初めて行ったのは2014年2月。猪口邦子、滝波宏文両参議院議員が訪米した。二人とも素晴らしい英語力と〝やりとり力〟の持ち主だ。猪口議員は、閣僚、大使、上智大学名誉教授、名門イェール大学の博士。しかも議員の仕事と家庭との両立という国際スタンダードでは満点の経歴を持つ。

だから上下両院議員はもとより、マデレーン・オルブライト元国務長官も面談に応じてくれた。猪口議員が自己紹介を終えると、オルブライト氏は「最近、アジアを訪問したが、中国、韓国での日本に対する不満がとても強かった」と口火を切った。猪口議員は、韓国系が広める女性問題の不正確さと自らの見解とその根拠、日本はどう対応していくのか、などについて説明した。国際政治のバックグラウンドと実績を持つ政治家が外国の実力者に対して、静かに、しかし正確に情報をインプットすることはとても重要だ。そのやりとりを通じて、オルブライト氏の問題意識も直接に把握することができた。

滝波議員もまた留学による滞米経験が長く、経産政務官を務めている。第43代ブッシュ大統領の首席補佐官だったジョシュア・ボルテン氏に安倍政権の経済政策などを説明してくれた。

ワシントンの人の輪は、存外小さい。より正確には、とても緊密だ。オルブライト氏が所属した事務所にはオバマ政権で国務次官を務め、現在はバイデン政権で国務副長官のウェンディ・シャーマン氏もいた。シャーマン氏は民間人の頃だが官邸に私を訪ねてきてくれたこともある。シャーマン氏はオバマ政権の国務次官だった15年2月にこう発言したことがある。「ナショナリスト感情は悪用が可能だ。政治指導者にとって、旧敵国を悪者視して、安っぽい賞讃を得ることは難しくない」

国名は示していないのに、当時、韓国は憤慨した。ほどなく、リッパート駐韓大使がソウルで暴漢に襲われたことを記憶している方も多いだろう。私はシャーマン氏の夫君であるブルース・ストークス氏とは1991年の在米勤務時からの交友で、今でも、米国の世論調査結果や評論を送ってもらっている。官邸勤務時代、その内容を時々、安倍総理にも報告していた。

あらゆる伝手《つて》で人脈を掘り起こす

英語の達者な国会議員が、訪米して直接に米国議員とコミュニケートして関係を深めるこの試みには安倍総理も大賛成で、他の議員にも声掛けした。その後は、福田達夫、鈴木馨祐、小林鷹之、大野敬太郎の各代議士、猪口邦子、堀井巌、松川るい、山田修路、小鑓隆史の各参議院議員などが参加してくれた。

ワシントンに行くと、東アジア関係、金融・通商関係などの議員とのアポも成立するが、中にはかつて日本との交流を経験した議員もいて、人脈の掘り起こしの有効性を感じた。例えば17年2月に堀井、松川両議員と、ダイアン・ファインシュタイン上院議員を訪問した折のことだった。同氏はかつてサンフランシスコ市長を務めている。

「以前、サンフランシスコ総領事でその後英国大使になった方が、私の家の近くに住んでいて、頻繁に交流しました。日本には京都ほど有名ではありませんが、奈良というすばらしい古都があり、（姉妹都市である）大阪からも近いのです」で話が始まった。私が「ここに来ている堀井さんの出身は奈良で、松川さんは大阪。総領事というのは北村汎さんですか」と返す。やがて本題に入ると上院議員の方から「中国系がまた何かしたのか？」と尋ねてきた。そこでサンフランシスコで起きた慰安婦像の件と我々の考えを伝えると、「だったら、私は以前の市長なので現役の市長に電話をするよ」と言って電話をしてくれた。残念ながら、現役の市長はその後、急逝してしまったが。

さらに、地方での活動も重要だ。議員の場合、地元で見せる姿がワシントンでの姿と違うことも多いからだ。この訪問では、松川議員は東大阪市との姉妹都市関係をもつカリフォルニア州グレンデール市を訪れ、難しい歴史問題に取り組んだ。また、議員になる前に在サンフランシスコの日本領事として、カリフォルニア州政府と州議会対応を務めていた堀井議員とともにサクラメントを訪れ、州の上下両院議員とも交流した。堀井議員の人脈はなお健在だった。その後、サンディエゴを地元にする州議会上院の幹部議員に、地元サンディエゴで活動するハイテクやメディカル関係の若い日本の経済人を紹介すると、同議員は日本人のこうした活躍を初めて知ったと高く評価していた。

15年安倍訪米とケネディ大使の尽力

内閣総理大臣は国家元首ではないが、2015年4月のオバマ大統領による安倍総理の接遇は元首級のもてなしだった。米国連邦議会では、総理は上下両院合同会議でスピーチをする栄誉に浴した。両国の歴史に残る訪米であり、ワシントンに加え、ボストン、サンフランシスコ、ロサンゼルスも訪問した。

この前年の11月、米国大使館のあるスタッフからこんな照会を受けた。

「まもなくキャロライン・ケネディ大使が一時帰国しますが、米国務省幹部と在米大使館の間で、15年の安倍総理訪米をハワイ訪問から始めることで調整が進められている。これは総理の意向に沿ったものなのか、大使は気にしている。ケネディ大使は総理の意向通りに対応したいというお考えです」

この時私が咄嗟《とっさ》に思ったのは、ハワイに行けば「真珠湾に寄れ」と言われ、寄ったら「謝れ」という声が出て、太平洋戦争終結70周年の訪米は最初からお詫びの旅になりかねない、だった。だが「NO」と断ってもその後に響く。結局、両国民の心のわだかまりが消えないばかりか、増幅しかねない。「だったら、G7サミットも被爆地で開催を」という声も出かねない。ただ、米国は他国から意向を押し付けられることを嫌う国だから、そんな開催地の選び方はよくない、ということだった。

私はそのままを総理に報告した。すると総理は「ハワイから始める日程の案は聞いていないし、自分も良いとは思わない」とのことであった。その旨、大使館スタッフの方に伝えるとともに、外務省ルートにもこのやりとりを伝えた。総理の外国訪問の最終案作りは外務次官の職責だからである。

年が明けて15年1月、年初恒例の伊勢神宮参拝の折の年頭記者会見で、安倍総理は「G7サミットを来年5月に伊勢志摩で開催する」と明らかにした。一方、毎日新聞は1月14日、「安倍首相：真珠湾訪問を検討　大型連休、訪米で調整」と報じた。しかし、これは総理の意向に沿わず、事実でもなかった。

米国大使は、外務大臣をはじめとする閣僚がカウンターパートとなるので、総理補佐官である私はアプローチを控えていた。しかし、こういう報道もあったので、私はケネディ大使を訪ね、この間の様子を報告した。会って頂けるのであれば、何でも話せるような間柄にしたいと考えた。

ケネディ大使が日本の米国大使館に着任した頃の14年初め、大使館は総理の靖国神社訪問に対して「失望」を表明していた。一方で、スタッフの方からは「大使は安倍総理の意向を大事にしたい考え」だと聞いていたので、私は飛び込むつもりでこう述べた。

「大使、安倍晋三さんは3人いるのです。1人目は人柄の良い、優しくて、しかし、負けず嫌いの安倍さん。2人目は、日本の誇り、歴史と保守主義を大事にする国会議員である安倍さん。3人目は、行政府の長である安倍内閣総理大臣。総理大臣は、民主主義の下、なるべく多数の方の意見を容れて政府としての方針をまとめあげるので、自らの主張は抑えなければならないことが多くなります。今日は、どの安倍さんが出ているのか、を見極めることが大事です」

大使には初耳の表現だったようで、一瞬の静寂の後、「長谷川さん、あなたの仕事は3番目の安倍さんを増やすことよ」と答えられた。

15年3月、早稲田大学大隈講堂で「ケネディ大統領のトーチ　引き継がれるその遺産」と題するシンポジウムが開かれた。安倍総理と、訪日したビル・クリントン元大統領が大隈講堂を訪れて基調講演をし、ケネディ大使も特別講演を行った。1962年、ジョン・F・ケネディ大統領訪日の前段階として、実弟のロバート・ケネディ司法長官が訪日、日本の若者たちと対話しようとしたのがこの大隈講堂だった。

米国での日本、日韓研究の第一人者であるダートマス大学のジェニファー・リンド准教授によると、最初は学生がケネディ氏の壇上での講演を許さなかったが、ケネディ氏が学生たちの質問に答え、議論を交わした結果、学生たちの理解も深まり、「都の西北」を会場内の全員で斉唱して終わった――そんな歴史が刻まれた場所だ(1)。

リンド氏が官邸の総理補佐官室に見えた際、日本語が上手だったので、「日本では、どちらに滞在していたのですか?」と尋ねたことがある。すると「田川市」と意外な地名が出たので、「最初は不自由ではなかったですか?」とさらに尋ねたところ、「よい方がサポートしてくれました」という答えだった。当時リンド氏のオリエンテーターを務めたのは、自民党の山本幸三前代議士のお姉さんだったこともわかった。

ケネディ大使はとてもタフな人生を過ごしてきたにもかかわらず、利発さと、明るい人柄を兼ね備え、加えて「日本と日本人が好き!」との想いの持ち主だ。当時の安倍総理はもとより、菅官房長官や岸田外相をはじめ、政官民、多くの人々と友情を築いていったことは広く知られている。東北の復興地域、沖縄はもとより、日本の多くの地を訪問してくれた。私が依頼しただけでも、京丹後市、木更津市と、いずれも米軍関係者が仕事をしている地域を訪問し、中山泰市長、渡辺芳邦市長と面談して頂いた。

「歴史修正主義者」のイメージを刷新

話を15年4月の総理訪米に戻す。

当時、外務次官からは警備上の理由からロサンゼルスを訪問先から外しては、との進言もあったようだ。ロサンゼルスは、かつて総理が留学した南カリフォルニア大学の所在地でもある。実際には、4月末に東京を発ち、ボストン→ワシントン→パロ・アルトとサンフランシスコ→ロサンゼルスを訪問して帰国した。

行ってみると、確かにロサンゼルスでは、宿舎ホテル到着時に韓国系と思われる集団のデモ隊がいた。しかし、在ロサンゼルスの総領事がしっかり市側と調整をしてくれたためだろう、同市警はがっちりと警備をしてくれて、滞在中、不安は感じずに済んだ。エリック・ガルセッティ市長をはじめ米側関係者、日系の方々を招いたランチ懇談会を開催。同市長は以前に日本に滞在した経験を持ち、この訪問は後年、同市の副市長や市議の姉妹都市である名古屋市への訪問につながった。

また米国に投資をし、雇用も作っている日本企業のリーダーと、日本に投資をしている米国企業のリーダーに参加してもらい、ペニー・プリツカー商務長官、ケネディ大使臨席で「日米間の貿易・投資促進」をテーマにパネルディスカッションをした。この種の行事ではモデレーターの役割が重要だ。UCLAの経営大学院アンダーセンスクールの榊原磨理子教授が快く引き受けてくれた。世界で活躍する日本女性のロールモデルだ。

話の順序が逆になるが、最初に訪れたボストンではケネディ・ライブラリーを見学、次いでジョン・ケリー国務長官主催の夕食会が開かれた。ケリー長官もかつては故ケネディ大統領と同じ、マサチューセッツ州選出の民主党所属連邦上院議員だった。翌日、ハーバードビジネススクール（HBS）を訪問し、ニティン・ノリア学長、マイケル・ポーター教授と学長室で朝食をともにした。

安倍総理とポーター教授との交流は、13年12月、教授が訪日した折に、竹内弘高HBS教授とともに官邸に総理を訪問したことに始まる。ポーター教授は総理のコーポレートガバナンス改革、女性の活躍を促す政策を高く評価していた。総理はその数か月前に、女性の才能を羽ばたかせる努力の必要性を訴える主張をウォール・ストリート・ジャーナルに投稿していた。ポーター教授にはその後、14年9月、総理が国連総会出席でニューヨークを訪問した折にも会っている。ノリア学長も同席した朝食会では、HBSが日本での女性の企業幹部育成に協力してくれることになった。その後、ハーバードケネディスクールで総理はスピーチを行った。

帰国後、竹内教授のサポートを得て案を具体化。同校から竹内教授を含む3人の教授が毎年1月に訪日し、日本企業で役員を目指す管理職の女性にHBS式の授業をするプログラムに結実した。私と竹内教授は、日本でこれから企業役員を目指す女性たちに、世界トップクラスのビジネス・エグゼクティブが学ぶのと同じHBSの授業に挑んでもらうことは、高いモチベーションを維持するために役立ち、研修を乗り越えた後は大きな自信につながると考えた。このプログラムは毎年続いており、安倍元総理は、辞任後も特別講師として参加してくれている。

ワシントンで、総理はホワイトハウスでの首脳会談、歓迎の宴、上下両院でのスピーチなどの行事を相次いで進めていった。このスピーチを巡っては、日米双方のメディアにより多くの肯定的な見方が報じられている。

そこから西海岸に飛んで、パロ・アルトで安倍総理は、故安倍晋太郎元外務大臣の長年のカウンターパートであり大親友であった、今は亡きジョージ・シュルツ元国務長官を訪ねた。また、シリコンバレーの経営者との懇談、グーグルやテスラの訪問、サンフランシスコでは、ジェリー・ブラウン加州知事と一緒に新幹線車両のモック・アップ（実物大模型）を実見した。また、日系の方や日本から訪れている若手の経営者などと交流することもできた。

この訪米を通じて、安倍総理の活動と政策、人柄や実像が多数報じられた。一部のメディアが報じてきたような、「安倍晋三氏は歴史修正主義者（歴史を曲げようとしている人物）」ではない、という理解が広まったと思う。

そして帰国後、平和安全法制関連法案の国会審議が本格化する。そのため国会会期は、9月まで大幅に延長された。

広島と真珠湾

G7伊勢志摩サミットの前段であるG7外相会談は2016年4月10日と11日、岸田文雄外務大臣の出身地の広島市で行われた。オバマ大統領の広島訪問につながっていく岸田大臣の対応ぶりについては21年秋の総理大臣就任の際にいろいろなメディアに報じられている。

外相会談に出席したケリー氏は、戦後、広島を訪れた初めての米国国務長官となり、爆心地の様子に心を奪われたようだった。慰霊碑への献花、署名などを終えた後、その場で「(太田川対岸の)原爆ドームを訪れたい」と要望。岸田外相が応じ、急遽、警官が警備の列を成し、ケリー長官は原爆ドームを訪問した。

4月12日のウォール・ストリート・ジャーナルが、ケリー長官の発言を報じている。「世界の誰もが広島を訪れ、平和公園にある記念碑のもつパワーを見て、感じるべきである。『誰も』とは『誰でも』であり、米国大統領も、いつの日か、この地に来ることができる『誰でも』になることを望む」

その後、私は、米政府高官から、「ケリー長官は帰国後、オバマ大統領に広島訪問を強く勧めた。ところで、安倍総理は真珠湾に行く気はあるか?」と尋ねられた。これを受け、次のように総理に申し上げた。

「毎年末、オバマ大統領はハワイを帰省訪問しています。今年は、大統領任期の最後の年で、大統領としての年末ハワイ訪問も最後になります。日米の両首脳が、ハワイでアジア太平洋を見ながら、最終の首脳交流をするのは悪くはないと思います。ただ、広島訪問と真珠湾訪問が『交換条件』と見られることは避けなければなりません。また、真珠湾で謝罪はしない。実際、総理もそういう考えはお持ちでないでしょうから」

総理は肯きながら「オバマ大統領には、ぜひ、広島に来て頂きたい。真珠湾攻撃は戦闘員に対するものだ。広島への原爆投下は、非戦闘員である一般市民を破壊したものであり、しかも、原子爆弾を使っている。両者を同じ次元で考えることはできない。だから、『交換』はあり得ない。他方で、オバマ大統領の仕上げの仕事として、私と大統領がアジア太平洋の未来に向けて語るというアイデアはよいと思う」と述べた。

私は米政府高官に以下のように伝えた。

「総理と話しました。オバマ大統領には、ぜひ広島を訪問して頂きたい。すべてはその後での話です。大統領は今年の年末も恒例のハワイ訪問をされるのでしょうか？　アジア太平洋の未来に向けて、両首脳がメッセージを発するのはよいことですが、大統領の広島訪問と総理の真珠湾訪問は引き換えだとの誤解は避けなければなりません。そして真珠湾では謝罪はしない」

高官の反応は「理解する」というものだった。

米メディアも絡んだやりとり

そんな中、4月28日に許し難い事件が発生した。沖縄県うるま市で、米軍属が地元女性を強姦、女性は死亡した。当然ながら、地元では米国への反発が噴出した。沖縄で米兵（軍属含む）による重大事件が起きると、官邸にも速やかに子細な報告が届く。被疑者は、5月19日に逮捕された。

そして、G7サミットを翌日に控えた5月25日、志摩観光ホテル・ザ・ベイスイートで、日米首脳会談が行われた。米側と、首脳会談後の記者会見の進め方の調整が始まった。こちらからは「記者からの質問は、日米双方が1問ずつとして、日本側記者は総理に、米側記者は大統領に質問することにしよう」と提案。しかし、米側は「質問する記者は日米各一人でいいが、質問先は大統領＋総理を認めるべきだ」で譲らない。会見開始予定の時間となり、そのまま会見に入った。

日本側はNHKの岩田明子記者が安倍総理に質問。案件は沖縄事件関連だった。続く米側記者からの質問で指名されたのは大統領の地元シカゴ・トリビューンの記者で、まず大統領に「米軍がパキスタンなど他国の領土内に入って活動をせざるを得ない現状や中国による影響への評価は？」と質問、大統領はかなり長い回答をした。

するところ記者はとってつけたように、総理に「真珠湾訪問の計画を持ち合わせているか？」と質問したのだ。私は思った。「そうか、米側は安倍総理に、この場で真珠湾訪問を答えさせたかったのか。だから、米側記者には大統領だけでなく、総理への質問を認めるよう主張し続けたのか——」

だが総理は「現在、訪問の計画はない」と言い切った。「計画をもっている」と答えたら、翌々日に控えた大統領の広島訪問が、総理の真珠湾行きとの交換と解釈される可能性が出る。大統領の広島訪問には米国内で様々な意見があっただろうから、総理の真珠湾行きをこの場で引き出したいスタッフもいたかもしれない。しかし、総理にそんな気持ちはない。

1年半前、米国大使館のスタッフから言われたことを思い出した。「日米外交当局の中に、安倍総理の訪米時、最初の訪問地としてハワイを考えている者がいる」。あの時提起された考えはまだ残っていたのかもしれなかった。それでは大統領の広島訪問の意義を薄めてしまいかねないのだが。しかし、当日、大統領が平和公園を訪れた現場に居合わせてみると、大統領自身、そんな意図を全く持っていなかったことがよく理解できた。

感動的だったオバマ大統領の広島訪問

翌26日と27日、G7サミットが開催された。それに先立ち、安倍総理と6か国の首脳、EUの委員長と議長、計9名が伊勢神宮を訪れた。総理はホストとして首脳を1人ずつ内宮の入り口で迎え、共に五十鈴川上の橋を渡った。最後に到着したオバマ大統領と総理は、橋を渡りながら何か言葉を交わしていた。一同は素晴らしい好天の下、内宮を参拝した。

サミット終了後、オバマ大統領は予定通り広島市に向かい、平和公園を訪問した。安倍総理と岸田外相が出迎え、松井一實市長や湯崎英彦知事の案内で広島平和記念資料館に立ち寄り、ホール内で折り鶴を見学、同時に大統領自ら作った千羽鶴が披露された。この間の米側との緻密な調整に粘り強くあたったのは、外務省の森健良北米局長であった。

その後、大統領は総理と共に慰霊碑前に移動し、慰霊碑に献花。そして、総理と大統領がそれぞれに想いのこもったスピーチを行った。その後、総理から紹介を受け、大統領は被爆者の坪井直・森重昭両氏と思わず抱き合った。このシーンは、ご記憶の方も多いだろう。シナリオもない、形容する言葉が見つからない感動的な時間だった。

この時、広島市、そして日本国内に、オバマ大統領に謝罪を求める声は出なかった。

歴史家・塩野七生氏はこの点を含め、オバマ大統領の広島訪問について、朝日新聞のインタビューに応じて、次のように述べている（2016年5月25日付）。

「（オバマ広島訪問のニュースを）目にしたとたんに、久方ぶりに日本外交にとってのうれしいニュースだと思いました」「特に、日本側が『謝罪を求めない』といっているのが、大変に良い」「謝罪を求めず、無言で静かに迎える方が、謝罪を声高に求めるよりも、断じて品位の高さを強く印象づけることになるのです」「（日本の得点に結びつける鍵は）日本政府、マスコミ、日本人全体、そして誰よりも、広島の市民全員にかかっているんですよ」「『求めない』と決めたのは安倍晋三首相

広島を訪問したオバマ米大統領と安倍首相。時事

でしょうが、リーダーの必要条件には、部下の進言も良しと思えばいれるという能力がある」

トランプ大統領とのパイプ作り

2016年7月、参議院選挙が行われ、自民党は13年の改選分と合わせて121議席、自公両党で146議席に議席を増やした。

米国では、大統領選が大詰めになっていく。9月に国連総会のために訪米した安倍総理は19日に宿舎ホテルでヒラリー・クリントン候補の訪問を受け、会談した。一方、あまり目立たなかったが、翌20日にドナルド・トランプ氏の選挙戦を支援するウィルバー・ロス氏の訪問を受けている。

ロス氏は、ニューヨークのジャパン・ソサエティ会長を務める知日派で、14年秋に日本政府から旭日重光章を授与されている。私は総理補佐官就任直後、大事な日本の味方であるロス氏が訪日した折に、同氏を朝食に招いて懇談。総理もそれ以前のニューヨーク訪問時に、ジャパン・ソサエティを訪ねて挨拶を交わした間柄だった。大統領選が始まると、米国の友人が「ロス氏はクリントン候補を好んでいないので、トランプのキャンペーンに本気だ」と教えてくれた。ロス氏は、同じ実業家としてトランプ氏との交友が長く、キャンペーンへの取り組みの様子がウォール・ストリート・ジャーナルで紹介されていたので、総理との懇談をセットしたのだ。

国連総会が開かれる時期、ニューヨークには世界の首脳が集まり、交通渋滞は想像を絶する。その日は地元になじんだロス氏も渋滞につかまり、「予定時刻に総理宿舎に行けない、失礼だから止めようか？」と私に電話を入れてきた。「渋滞はあなたの責任でない。総理は楽しみにしているから来てほしい」と押し返すと、15分遅れで宿舎ホテルに到着。さっそく総理と面会した。その際、冒頭ロス氏から「トランプ氏から、本来自ら訪問すべきだが、選挙戦の大詰めでの各地訪問で時間ができないのでよろしくお伝えしてほしい、とのことです」との発言があった。その約2か月後、トランプ氏の当選後ほどなく、ロス氏は商務長官に内定する。予定が押しても総理に会ってもらっていてよかった。

11月、僅差でトランプ氏が米大統領選挙に勝利した。総理とトランプ氏の電話がつながり、総理は、ペルーAPECへの途上、ニューヨークのトランプタワーにトランプ氏を訪問することになった。

翌年1月の就任式まで、米国大統領は無論、オバマ氏である。12月26日と27日、安倍総理はハワイを訪れてオバマ大統領と会談し、大統領と共に真珠湾を訪問した。戦艦アリゾナで献花をした後、真珠湾の米軍施設内でスピーチをし、米国の退役軍人らと交歓した。同盟国アメリカ大統領の任期最後の首脳交流について28日付のウォール・ストリート・ジャーナルは、「安倍氏に賞讃。安倍晋三氏の日本は米国の最も重要な安全保障パートナー」と報じた。将来、米国大統領が長崎市を訪問し、1945年8月9日を「人類最後の原爆投下の日にする」と誓う日が来ることを願っている。

「長い経験を積んだプロ」

2017年2月、トランプ氏が米国大統領に就任して3週間後、トランプ氏は大統領として初の首脳会談を安倍総理とホワイトハウスで行った。二人は、前年の11月、すでに二人だけの会談をして互いの人柄に触れており、初回に伴う緊張感はなく、率直に話し始められる間柄だった。しかし、トランプ大統領が強くこだわる貿易赤字解消、同盟国としての防衛負担増は、簡単な問題ではなかった。

初の会談なので、両首脳の共同文書の発出を目指した。佐々江賢一郎駐米大使、秋葉剛男外務審議官の尽力で文面案の調整は事前に終わり、総理と大統領の了解を得るばかりとなった。ただ、安倍総理から私に「会談後の記者会見で、トランプ大統領から『円安が過ぎる』など、為替レートに関する発言が出ると、市場を過剰反応させかねない。自分もよく頭を整理して会談に臨むが、米側の報道官に、この懸念を事前に伝えておくように」という指示があった。

私はスパイサー報道官との面会を調整したが、首脳会談と記者会見の後になるとのことだった。ことは「事前」の面談が不可欠なので、代わってサラ・サンダース副報道官と会うことになった。そこで、大統領に「首脳会談後の会見では、市場への影響をよく考慮した発言をお願いしたい」との総理の意向を伝えるよう依頼した。総理の懸念をそのまま伝えると、大統領の反発を招いたり、かえって発言を誘ったりするのでは、との不安も感じたので、やや角をとったメッセージにした。結局、会見で為替レートについての質疑は出なかった。

ホワイトハウスでの首脳会談の後、安倍総理はトランプ大統領からフロリダ州パームビーチにある別荘マール・ア・ラーゴに招かれた。食事会、ゴルフをまじえ、リラックスした信頼関係づくりが進んだ。ところがその夜、北朝鮮が長距離弾道ミサイルを発射。

両首脳は急遽、共同記者会見を行った。米国で行われる会見なので、慣例では米国大統領から発言を始めるのだが、この夜は総理から発言を始めた。

「北朝鮮を非難する。北朝鮮は、国連安保理決議を遵守しなければならない」

これを受けて、大統領は簡潔にこう述べた。

「私が皆さんに理解して欲しいこと、十分に知って欲しいことは、アメリカ合衆国は、偉大な同盟国である日本の後ろ盾になっているということだ。100%だ」

トバイアス・ハリス氏は著書の中で、「この瞬間、両国政府の力関係は（日本の側に）重みがついて傾いたようだった。安倍総理が長い経験を積んだプロに見えた」と記している（『The Iconoclast』276頁）。

四半世紀ぶりによみがえった旧交

余談めいた話になるが、サンダース副報道官（前出）に自己紹介した時のことだった。

「私はこれまでアーカンソー州を3度訪問しました。初回は1992年、リトルロック・ロータリークラブで急遽スピーチをすることになり、今なお日本に大きな影響を与えているダグラス・マッカーサー元帥、日本を含む多くの若者への奨学金で有名なウィ

記者発表に臨む安倍首相とトランプ米大統領。　時事

リアム・フルブライト上院議員の話をしました。

　私にリトルロック訪問の機会を与えてくれたのは、当時ホワイトハウスで経済政策局長だったフレンチ・ヒル氏で、彼とは日米構造協議でやり合った間柄なんです」

　すると副報道官は、驚いたような顔で教えてくれた。

「あなたは彼と知り合いなんですか？　ヒル氏は現在は連邦の下院議員で、私は彼の選挙戦を手伝った仲です」

　ヒル氏はアーカンソー州出身で、第41代ブッシュ政権で政治任用された高官だった。当時は30代。１９９０年、日米構造協議で私は日本チーム、ヒル氏は米側チームの一員だった。ちなみに当時在京米大使館で財務アタッシェだったのは、後に財務長官になるティモシー・ガイドナー氏だった。

帰国後、財務省から大統領府の局長に栄転し、ホワイトハウスに隣接するオールドエグゼクティブビルに執務室をもつことになった。私が91年から米国勤務になったので彼を訪ねると、「アーカンソーに行ったことはあるか？ 訪問しないか？」とのことで、彼の両親をはじめ10人程度の方を紹介して頂いた。リトルロックは緑いっぱいの美しい都市だった。

しかしその後、ブッシュ大統領への支持は全米で低下し、そのアーカンソー州の知事だったビル・クリントン氏が民主党から大統領になる。皮肉にも同郷から反対の党の大統領が誕生したので、ヒル氏はホワイトハウスの職を辞し、郷里に戻った。私はその後も同氏をアーカンソーに訪ね、オフィスや彼の自宅にも招かれることがあった。辞職に関して一切愚痴をこぼさない、彼の潔さには感銘を受けた。

トランプ政権2年目の２０１８年、そのヒル氏とワシントンの下院議員事務所で四半世紀ぶりに再会した。彼は連邦下院議員として、私は総理大臣補佐官として、共にかつてより高みに立って、互いの人生の軌跡を交えることができた幸運に感謝した。

硬直化した日中関係を解きほぐす

次はもう一つの大国、中国との関係である。日中関係の重要さを否定する者はいないだろう。しかし、その取り扱いは難しい。日中関係の基本は「戦略的互恵関係」だ。中国は、大国にありがちな様々な社会・経済問題を常に国内に抱えている。そしてまた、経済と軍事と両面で国力が高まっていくがゆえに、国際場裡では強引な主張と影響力を行使しようとする。

外国との対峙にも、それが反映している。日本に対しては、近隣であるがゆえに、彼ら流の本来の周辺諸国との関係、つまり、中国を頂点とするある種の「朝貢体制」に日本を組み込みたいという考えが見え隠れし、高まる国力でそれを裏付けようとする。尖閣諸島への絶え間ない中国公船の出現もその一環のように見える。

だから相互の交流、意思疎通を、両国間、特にリーダーの間で頻繁に行うことが「予想外の事態」を予防し、衝突を招かずに両国関係をマネージし、互恵できる状態を続ける上で重要になる。第2次安倍政権は、2012年の尖閣国有化以来冷え込んだ日中関係を引き継ぎ、首脳会談で打開しようにも、会談をセットすることも容易でなかった。

当時、在中国インド大使の任にあったスブラマニヤム・ジャイシャンカル氏（現インド外務大臣）は、私に中国の実情、政権幹部の人柄など貴重な知見を教えてくれた。同氏とは在日インド大使館で公使をしていた1995年からの間柄だ。

私は内容の詳細を知る立場になかったが、杉山晋輔外務審議官、中国の専門家（チャイナ・スクール）をはじめ外務省の人々は、中国との関係改善に経験知や人脈を全開にしながら忍耐強く取り組んだと思う。時の経過と国際情勢の変化の中で、首脳会談が徐々に再開され、頻度も増えたことにそれが表われている。

14年11月の両首脳の初めての顔合わせまで、政権発足から2年弱を要している。しかも、北京APEC開催国の主席という立場でゲストである安倍総理と会談したが、習主席はメディアの前でとても渋い表情を見せ、自分のメッセージを演出した。背景に両国の国旗すら見せなかった。

実はこれより前にも、硬直化した関係を少しでもほぐすべく、安倍総理は端緒を開こうと試みている。13年9月、サンクトペテルブルクG20の議場でのことだ。議場手前にある、出席している首脳のための控えの間に早めに行き、会議が始まるまでのチャンスを狙って、到着した習主席に近寄り、短時間だが会話を交わした。

それを見た朴大統領は直後、安倍総理に話しかけてきている。私は総理からこの話を伺い、中韓と並行して情報戦をするのではなく、中国とうまく折り合うことができれば、韓国からの圧力を減らすことができると感じた（その後、ブエノスアイレスの2020年オリンピック・パラリンピック開催地決定会に出席するため、麻生太郎副総理に後を託して、会議を中座したが）。

15年には、4月末からの安倍総理訪米、5月には二階自民党幹事長の訪中、8月に戦後70周年談話の政府決定、9月に平和安全法制関連法案の成立と続いた。16年3月にこの法律が施行され、11月には米国でトランプ氏が大統領選に勝利、17年1月に米国はトランプ政権となるが、同年ぐらいから日中首脳の接触機会が増え、習主席の表情も所作も徐々に打ち解けていく。

18年10月の総理の北京訪問からは、食事を交えた会談が始まる。ベトナムのダナンAPECの際には、習主席から、中国人の訪日観光客が増え、日本に対する好感度に良い影響を与えているという趣旨の発言があった。観光振興策と広報、外交のシナジーである。

話が前後するが、外務省は、李克強首相との会談が実現しやすいよう日中韓の3か国首脳会談の早期開催を次期議長国である韓国側に働きかけていた。それでも実現は15年11月までずれ込んだ。例年行われていた日本の経済界リーダーの訪中でも、李氏への表敬訪問はなかなか実現しなかったが、ソウルでの両首相の会談で、安倍総理が日本の経済界訪中団による表敬訪問を受けるよう李氏に要請、その後に北京で実現する。直後、総理はマレーシアでの東アジアサミットの折に再び李氏と会談。李氏に日本の経済界代表団との面談へのお礼を述べ、李氏は、日中が前向きの軌道に戻りつつあると応じた。18年5月には李氏が来日し、東京の後は札幌を訪問した。この辺りから食事を交えた会談も開催された。日中両国の首脳とも、それぞれの立場はあるが、それでもストレートに発言し、相手の発言に耳を傾ける。会談のブリーフでは「率直に」という語が常套句として使われた。また、経済を中心に、共通事項も話し合われ、首脳の表情に和やかさが増して行った。

総理による様々な新聞投稿

起承転結ある形で自分の考えをしっかり伝えるために、安倍総理は欧米の有力メディアへの投稿を多用した。具体的内容は各回の報道をご覧頂きたい。

習近平主席と握手を交わす。G20大阪サミットで。　AFP＝時事

狙いは、多様な話題で、多数・多層の読み手に安倍総理の考えや価値観を知ってもらうことだった。ただ、フィナンシャル・タイムズ、ニューヨーク・タイムズやウォール・ストリート・ジャーナルのような有力紙の場合には世界中から掲載の希望があるため、1回の原稿は850語程度に限られる。当然ながら、テーマは1つとなり、しかも編集者を惹きつけるタイムリーなものにする必要がある。

語数を必要以上に増やさないためには、使う単語も締まりがあって、正確なものにしなければならない。原稿案は多くの場合、私が関係省庁と調整しながらまとめたが、その後は英語の名手の力に頼った。在ニューヨーク総領事館や在英大使館の方々が、新聞社との間で、短い時間の中で調整に尽力してくれた。

G7やG20サミット前の投稿は、そこで総理が主張したいことの予告を兼ねた。国連総会の折には、ニューヨークに多数の国の関係者が来ることを意識して、女性活躍、アフリカ支援、途中から地球環境をテーマにした。17年秋には、普段から安倍総理に批判的なニューヨーク・タイムズに、北朝鮮に対して各国が国連の安保理決議を守るべきことを主旨に「北朝鮮に対し、連帯を」という投稿を実現できた。同紙に掲載されたことは国内でもニュースとなり、朝日新聞が報じくれている。

前出のトバイアス・ハリス氏は、フィナンシャル・タイムズへの18年9月の投稿について著書の中で「安倍氏は(気候変動対策で)正論を明確に述べた点では立派な記録を持っている」と述べている(前掲書323頁)。

実はこれら以外に、安倍総理が想いを託した投稿も隠れている。それは、故・中西宏明経団連会長による、会長就任早々のフィナンシャル・タイムズへの投稿(18年6月8日)だ。

この年の4月、マール・ア・ラーゴでの日米首脳会談で、トランプ大統領は貿易赤字解消の要求を強めてきた。総理は、米国からの日本の輸入は増えている、日本企業による対米投資は進んでいると反論するが、大統領は収まらないまま会談が終わった。帰国後、私は次のように、総理に申し上げた。

「大統領は二国間の貿易収支不均衡を採り上げるが、問題の本質は雇用（job）であるはずです。雇用創造数とそれらの雇用がもたらす収入額を比べると、日本企業が米国の中で創り出しているものの方が、米国企業が日本国内で創り出しているものよりも多い。この点を投稿して、両国間の貿易収支を論ずることの意味のなさと、本質的な部分で日本の方が米国経済に貢献していることを発信し、問題の解決に役立てたいと思います。総理ご自身による投稿だと大統領と公開での論争になるので、私の名前でやりたいと思いますが、いかがでしょうか」

総理の判断は「否」だった。理由は、中身に異論があるのではなく、正しい反論になっているので、「総理直属の補佐官が出ると、官邸が大統領府とぶつかることになってしまう。政府の外の人にお願いできないか」というものだった。

そこで、中西会長にお願いに上がった。会長は「いい議論提起だ」と賛成し、その趣旨をふまえて原稿を起草、会長就任早々の多忙な中で寄稿してくださったのである。

サミットのロゴマークを作る

内閣広報官にはこんな仕事もある。サミットでは、毎回、主催国がロゴマークを制作している。日本も、2008年洞爺湖サミットの際に作った。共通のロゴマークがあると運営上も何かと便利で、主催国として、会議のことを「日本国内やメンバー国で広く知ってもらう」意義も高いとの考えから、内閣官房の広報部隊が担当した。隊長は内閣広報室の酒田元洋参事官が務め、しっかりと工程を管理してくれた。

先述の伊勢志摩サミット用には、前年の15年7月に、内閣官房にロゴマーク選考会を設置し、発足させた。座長はデザイナーの佐藤可士和氏。同氏には、洞爺湖サミットの時も、ロゴ選定に参画して頂いた。審査委員には、政府側から世耕弘成内閣官房副長官、内閣広報官である私、外務省経済局長、有識者として、開催地・三重県の鈴木英敬知事、デザイン・広報に詳しい学者や専門家の方、三重県に縁ある方などで構成。なるべく多様な感覚を生かした審査になるように、委員の男女比率も均衡を目指し、有識者委員9人で、うち女性委員が4名となった。

19年6月の大阪サミットの時にも、前年の18年7月に選考会を設置した。座長は、引き続き佐藤氏に依頼し、政府側からは野上浩太郎官房副長官ほか2名。有識者委員は松井一郎大阪府知事をはじめ8名で、うち女性委員は3名だった。

選考会の設置を前年の7月にこだわるのは、中学校や高校の夏休みが始まる前に募集をアナウンスし、若い世代にも応募する時間を確保するためで、締め切りは伊勢志摩サミットでは15年9月下旬（大阪サミットでは18年8月末）とした。おかげで、全国広くから7084点（大阪サミット用では1092点）の応募を頂いた。

応募作品を受領して早々の秋に委員は2度の審査をし、委員たちの中で15点程度に絞った。その後これらを公表し、一般の方からの意見を募るプロセスを持った。並行して、専門家に商標権との抵触の調査を依頼した。公表には2つの目的があり、第一は、一般の方の意見を最終審査に活かすという目的。第二は、官邸や限られた数の委員の間だけでは発見できない問題、例えば既に他のイベントで使われたことがある、応募者以外の方が著作したなどの問題点を、公表をすることで把握する目的だった。

その上で、最終案の年内決定を目指した。そうすると新年、つまり実施当年の早々からサミットの広報や関係国との協議活動で、ロゴマークを使えるからであった。12月（大阪G20では11月）に、一般の方からの評価結果、権利調査結果などを踏まえ、第3次審査をし、数点に絞った。それらについて総理の判断を仰ぎ、最優秀賞、優秀賞を決定し、最優秀賞作品は正式のG7（G20）ロゴとして公表した。16（大阪G20では19）年初から、最優秀作品を政府ロゴマークとして日本の国内外で使用を開始した。

以上の審査・選考プロセスは政府以外の場でも使われているようで嬉しく思う。「公表期間」を挟むことにより2つの目的を達した。いったん決めたロゴマークにクレームが付き、選定をし直すような事態は生じなかった。情報公開が政府の意思形成の的確さを守った事例である。

日本の信用が問われたゴーン逃亡事件

2019年末から20年にかけては、新型コロナウイルスではなく、刑事被疑者カルロス・ゴーン日産元会長海外逃亡についての広報対策で、私の仕事が始まった。年末の関空からの逃亡、レバノンに到着するや、日本と日本の司法制度の後進性への愚弄と罵詈。森まさこ法務大臣が直ちに反論の記者会見をしたが、欧米の主要メディアはゴーン氏による言い分の方を大きく報じた。

ウォール・ストリート・ジャーナルの論調は日本の司法制度への批判の色が濃く、フィガロ、南ドイツ新聞といった欧州のメディアもそれに近かった。このままでは日本の

レバノン逃亡後に会見するゴーン元会長。2020年1月。　EPA＝時事

司法制度への海外からの信用を傷つけかねない、それは外国企業による日本への投資や進出に悪影響を与えかねない、と危惧された。

他の論調を見てみると、「ゴーン氏は自己の利益を追求している。正当な裁判を受けなければ、持説を説くだけに終わる」（ル・モンド）、「カルロス・ゴーン氏が説明すべき10の論点」（フィナンシャル・タイムズ）、ニューヨークタイムズ・デイリーポッドキャストは次のように伝えた。「ゴーン氏の行動は、世界的なCEOなら自身が従う司法制度を選択できる、というメッセージになる可能性がある。この点、同氏へのインタビューで、今回逃亡が実現したのはひとえに同氏の財力やコネクションがあったからではないか？　と質問したところ、同氏は答えをそらした」

まずは、日本の刑事事件の取り調べプロセスを社説でまで批判したウォール・ストリート・ジャーナルに対し「記事の反論」という形で投稿すれば掲載の可能性が高いと考えた。記事への反論だから、直ちに投稿しなければならなかった。しかし、その年は1月5日が日曜で、仕事始めが1月6日。6日の作業開始では間に合わない可能性があったので、3日に法務省、外務省に官邸に参集してもらい原案を作成、森大臣の承認をもらい、次のような主張を投稿した。

「日本の刑事裁判の有罪判決率は99%というが、刑事事件の3分の2近くが起訴されないので、正しい有罪率は37%。十分な証拠のある重要な案件だけを起訴するからだ」

「ゴーン氏の被疑犯罪は有価証券虚偽記載罪と特別背任罪であり、これらを摘発しなければ、日本の市場の真正さ、会社・株主に損害を与える」

「日本国憲法では本人の自白のみを証拠として有罪にできない」

併せて在外公館からも同じ発信をしてもらったが、反論投稿では語数が十分でなく、かつ欧州やアジアの英語圏へも広報しないと、「日本に行くと刑事裁判で、ほとんどのケースで有罪になってしまう」というレッテルだけが独り歩きし、外国企業からの日本への投資全体に冷や水を掛けかねない。森大臣は重ねて、フィナンシャル・タイムズにも投稿した。こうした反論の結果、「日本では刑事事件の99％が有罪になる」などの誤解は消えていった。

国内メディアでは、普段は政権批判色の濃いメディアも含めて、「ゴーン氏は勝手だ。日本で公正な裁判を受けさせ、判決を出すべき」だとの論調が多かった。ただ、私自身はそれらの背後に「政府は、ゴーン氏の行動の理不尽さを国際社会にしっかり知らしめないと承知しない」という声を感じて、逆に緊張感が増した。

ゴーン氏の行動のひどさは別としても、日本の社会として、しっかりしないといけない点は多々感じた。例えば空港の出国管理のチェックだ。その後のコロナ禍で出国者数が減っているのだから、改善のための時間はあるはずだ。その時期、ゴーン案件自体が審理中だったため、法務省は具体例を使って反論することには慎重で、私には隔靴掻痒の感があった。当日のゴーン氏の行動を、彼らがしたかもしれない下見や予行練習の時を含めて、出入国在留管理庁と関西空港の職員をその通りに配置した上で細大漏らさずにトレースして、完璧な再発防止策を講ずるべきだろう。また、そもそも論になるが、日産のコーポレートガバナンスも改善は必須だろう。

その後のコロナ禍は日本でも世界でも、この件を含めて他の話題を霞ませてしまった。コロナ禍のためにゴーン夫妻はレバノンから出国が難しくなる一方で、フランスがゴーン氏の会社資金の私的流用を事件化した。また、米国でゴーン氏の出国を助けたテイラー親子が逮捕され、日米間の犯罪人引渡条約に従って日本に移送、日本の裁判を受けて有罪と判断されたことはよかった。しかし、それで溜飲を下げて終わらせてはならず、今回の案件で得た教訓と痛みを忘れずに改革をしないと先進国の名が泣く。ことは広報だけの話ではない。

パンデミックという最大の難題

最後に、安倍政権下で最大の難題となったコロナ禍での広報に触れておきたい。

いま振り返ると、広報面でもっと多くのことができたはずだと忸怩たる思いがある。しかし、2020年初め、日本で発症例が出始めた時には前例のない事態で、わからないことが多かった。不確かなこと、特に医学的に裏付けのないことを政府広報として発信してはならないと考え、日々悩みながら官邸ツイッターやHPの情報発信に努めた。多くの国民が関心を高める中、総理や官房長官、厚労大臣、事務方、専門家の発言、行動はメディアによって報じられ、ニュースの量はにわかに多くなった。それでも、国民に行動を促し、あるいは自制してもらうためには、それだけでなく根拠となるデータや情報を流すことが必要だと考えた。すでに述べたように、読み手が納得（Agreement）してくれないかぎり、行動（Action）に結びつかないからだ。

まず、厚労省の医系技官の知見を求めながら、「Q＆A」の立ち上げから始めた。例えば、「Q：なぜまめな手洗いを？」「A：ウイルスは他人の飛沫として、身の回りに付着する。ウイルスの表面は脂質に覆われているので、洗剤で手を洗うことで脂質がなくなり、ウイルスの寿命を縮めることができる」といった具合の情報である。

ただ、厚労省自体も発信している中で、説得力ではやはり「厚生労働省」マーク入りの方が、内閣広報よりも優れていた。また、限られた人数の医系職員に官邸広報の作業でも負担をかけることに躊躇もあったので、厚労省のQ＆Aにコメントするという方式が増えていった。

後から考えれば、大学病院や民間医療機関の感染症の専門家の登場をあおぎ、「新型コロナウイルスは前例がない、従って予防法、治療法に完全正解のないものだ」と割り切って、「たぶん」とか「〇割程度の確度だが」とか、条件付きでの見解を求める方法もあったかもしれない。また、限られた地域で起こっていることでも、全国に広く当てはまりそうな出来事は積極的に発信すればよかったかもしれない。政府にいると、まず頭をよぎるのは、「特定の地域や個人情報を漏らしたと非難されずに、上手《うま》くできるだろうか？」ということだった。地域名や個人名を出さないことは当然としても、非常時には、公共の福祉を目的として、個人情報のより柔軟な取り扱いルールを整備する必要があるのではないか。これはコロナ対策のためだけではない。

これと並行して、官邸の持つテレビのスポット枠を使って、差別やいやがらせの撲滅を求めた。信じがたいことだが、医療従事者やその家族に「近づかないでほしい」という人がいるということだった。加藤勝信厚労大臣から直接の指示があり、看護師会幹部の方が出演し、医療に従事されている方の声を伝えてもらった。後日知ったのだが、武漢からの帰国者を受け入れた千葉県のホテル三日月の従業員の方も、当初は同じような経験をしたとのことだった。不明、不安なことが多くても、新型コロナウイルスが存在する現場で働く方がいるから検診や治療が成り立つ。そのことを忘れてはならない。

マスク、トイレットペーパー、ロックダウンこの頃から物資の不足が話題になる。実際に不足していたものもあれば、本当は不足していないものもあった。前者はマスク、後者はトイレットペーパーである。

マスクは医療機関でも不足した。医師や看護師、歯科医師も含めてマスクがなければ診療自体ができなくなる、つまり日本の医療機能がマヒしかねないという深刻な問題だった。20年1月13日の週までは週に約1億枚だったマスク需要は、1月23日に中国・武漢が封鎖されると、27日の週には5億枚に跳ね上がった。これにより、国内の在庫がなくなり、小売りの店頭からマスクは消えてしまう。ただ、売り惜しんで在庫を維持した筋もあったようで、高価格でのネット販売があったことも窺われた。それまでは供給の大部分を海外、それも中国に頼ってきており、日本への輸入が止まり、中国外から供給元を至急に確保しなければならなかった。

この問題では、官房長官記者会見でマスク不足や供給の見込みについて長官が頻繁に答えを求められるほど、事態は容易ではなかった。そこで、医療用のマスクは一般の方が買わずに医療従事者に優先的に回るように、一般用のマスクを一枚でも多く、至急に準備することにした。それも使い捨てではなく、洗浄すれば繰り返し使えるマスクの確保を目指した。私が子供の頃に使ったような、ガーゼを挟んだマスクである。

考え方自体が間違っていたとは思わないが、サイズや包装に難が出た。急ぐあまり、調達の現場で、現品のスペックや梱包の受注先への指示と確認が甘かったのではないか。

ただ、4月17日に政府が布マスクの配布を始めると、ネット販売の価格は急落し始めた。ネット流通での売り惜しみ在庫が放出されたからであろう。そして5月、6月、7月と市場へのマスク供給状況が改善し、以前に使っていた使い捨てのマスクが入手できるようになってきた。こうなるとガーゼ付きマスクの人気は落ちていき、「アベノマスク」と揶揄《やゆ》されることになった。

しかし、市場へのマスクの流通がもう少し遅れていたら、揶揄できるような状況になっていただろうか。問題の根本は、私たちの命と健康の必需品のほとんどを、平時の状態を前提に海外供給に頼り過ぎてきたことだ。必需品の国産供給を常からどの程度、備えておくのか？　今から半世紀近く前に日本にオイルショックが生じて以来、国費をかけて原油、石油製品の数か月分の備蓄をしていることが少しでも意識に上った方はどれくらいいるだろうか。「経済安全保障」には、こうした点も含めて議論されるべきであろう。

その後、会計検査院がマスクの保管費用を問題視した。しかし、マスクというこの国の医療機能、介護機能に直結する物資を、供給が逼迫する事態に備えて備蓄しておくことに、どれくらいの費用なら許容できるのかも、正面から議論すべきだと思う。

もう一つは、トイレットペーパーの風説問題だ。人々の間で不安が強まっている時には風説が広まりやすい。ある地方での「トイレットペーパーがなくなる」というネット投稿が瞬く間に蔓延し、東京でもスーパーに客が殺到した。

広報をフルに実施すべく、大臣の製紙工場視察、工場からのトラックの出発画像の発信に努め、人々の不安解消を図った。メディアも協力してこうした画像をニュースで流してくれた。それでもスーパーの棚のトイレットペーパーが元の状態に戻るまでには数か月を要した。オイルショックの時も、トイレットペーパーがなくなるという風説が流布して、大勢がスーパーに行列を作ったことを思い出す。その日のうちに買えないと、さらに不安は募るという負のスパイラル。「ほぼ全量が国産」というファクトをチェックもしないで、風説を流した人物は罪深い。

3月下旬には、小池百合子都知事が「ロックダウン」と発言。その日は大勢の方が買い出しに出て、空になったスーパーの棚の模様が報じられた。私権を大きく制限する欧米流のロックダウンを日本の法令上できないことは、その後の議論でも繰り返し明らかにされた通りだ。

多くの企業が期末を迎える年度末でもあり、この発言によって市場が動揺したら、企業の株価や株主の資産が低下し、日本経済全体に大きな打撃が生じかねない。毎日の官房長官記者会見でも質問が相次いだ。3月30日には、「4月1日に発表、翌2日から首都封鎖、ロックダウンが行われるとの真偽不明の情報が拡散され憶測を呼んでいるが、事実か」との質問が出る。菅官房長官は「そうした事実はありません。明確に否定しておきます」と回答した。

国家予算で制作した「3密」コンテンツ

新型コロナウイルス感染者が一向に減らない中、手洗い・うがい・換気と並んで、すぐにでもできる予防行動を促すため、密閉・密集・密接の3つの「密」を避けることを訴える30秒のテレビスポットCMを政府広報として制作した。

「覚えやすいキャッチフレーズが有効だろうと考え、委託先企業の知見も入れて案を作ったので、諮《はか》りたい」とのことで、内閣府政府広報室の田中愛智朗室長らが私の部屋に来てくれた。私は「3つの密」とはその時初めて耳にしたが、「密接を避ける」が気になった。コロナ禍のような時こそ、家族、友人、職場などで人間関係を「密接」にし、情報を交換したり、励まし合うことが、いつにも増して必要ではないかと思ったからである。辞書を引くと「密接」には、「関係が深い様子」という意味もあるが、「すきまなく、ぴったりとくっつくこと」との意味も書かれている。「密着」という語も頭をかすめたが、政府広報室の皆さんが一致している原案の通り「密接」で行くことにした。

3月19日に政府インターネットテレビにのせ、21日から4月3日の間、日テレ、テレ朝、TBS、テレ東、フジの5局でこの「3密回避」スポットCMが放送された。そこに強力な援軍が現れた。小池知事が会見で、「3つの密を避けよう」を紹介してくれたのだ。3つの密回避は、想定を大きく超えて広まり、ついには海外にも波及、コロナ予防に貢献したに違いない。

ただ、腑に落ちないこともあった。2020年の年末、3つの密が毎年恒例の「流行語大賞」に選ばれ、受賞者が都知事となったことだ。3密のコンテンツは国家予算を使って作成したものだから、誰か一人のものではなく国民全体の資産であることが忘れられている。あるいは都知事の比類なき発信貢献を採り上げたかったのだろうか。しかし、大賞を報じた局も3月には3密回避のCMを自らのビジネスとして放送していた。20年末には、私自身、政府を退任していたので、主催者の考えを伺う機会はなかったが。

第一章で触れたように、その後、緊急事態宣言が1都1府5県を皮切りに始まった20年4月、マスクをせずに大勢で飲み会を開くことを慎むように若い世代に促すビデオを政府インターネットテレビで発信した(2)。続く5月には、帰省で地方に行く場合の蔓延リスクへの関心を喚起するビデオも制作し、発信している。

10万円給付広報

20年4月20日、国民全員に10万円を給付することが閣議決定された。しかし、政府・両与党内で種々の議論がなされ、いったん決まった内容が改められたりしたため、広報の内容の確定と事前の原稿提示が遅れた。ただ、「国民全員に、なるべく早く、確実に届くように」との強い要請を踏まえ、テレビ、新聞、ネット、1枚のチラシ配布などすべての広報ルートを使う方針で臨んだ。

実際の給付事務をつかさどる区市町村との調整は、高市早苗大臣の陣頭指揮で総務省が対応し、全力で広報をした。こういう場合に不可欠なのは、「手続きをお任せ下さい、に注意。役所の方から皆さんのマイナンバーや口座番号を尋ねることはありません」という詐欺商法への警告メッセージを付記することだ。在外の有資格者の方へのこうした給付は前例がないが、外務省が前向きに対応した。

原稿が差し替わった場合でも、ネット広報なら時間をかけずに差し替えられるのだが、テレビCMや新聞紙面広報は作業着手が遅れる。それでも特別の広報として、関係者は連休返上で、テレビ、新聞とも連休明けには広報を発信する対応をしてくれた。

新聞の場合、全国紙、地方紙はもとより通例は掲載していないスポーツ紙、業界紙にも出稿を依頼した。夕刊紙では、普段から政府・政策批判で知られた発行社の営業責任者に「政府の政策の広報をすることになるが、注文を受けることはできますか？」と電話で尋ねた。すると、あっさり「やりますよ。それとこれとは別ですから」との回答。妙な気分で安堵もした。

ちなみに個人的には、給与が減っていない公務員も含めて、国債発行を増やしてまで全員に10万円を給付する政策に賛成できなかったので、総理大臣補佐官だった私は10万円を申請しなかった。

山中博士、梨田元監督、尾身博士との対話

20年春の大型連休は全国を通じて緊急事態宣言期間中で、国内、海外への旅行はもとより、帰省も含め、都道府県をまたぐ移動の自粛が求められていた。その中で、医療従事者は休みなく職務にいそしまざるを得ない過酷な状況にあった。また、入院を余儀なくされている患者も多くいたので、日々の広報とは別ルートでの発信を試みた。

連休明けには、iPS細胞の研究で名高い山中伸弥博士が安倍総理とのネット対話に参加してくれた。医学的な指摘だけでなく、次のような政策提案までいただいた。

「PCR検査の徹底化がさらに必要で、テスト器具は大学の研究室にまだまだ利用可能なモノが眠っているはずです。医師や看護師の負担は過重になっているので、医療従事者にもっと手厚く報いるべきです。ワクチンの開発に取り組むべきですが、時間もかかるでしょう。緊急時なのだから治療薬も特例承認を考慮し、コロナとの戦いは持久戦になることを覚悟した対応をお願いします」

実際、PCR検査器具の〝開拓〟、医療従事者への手当の拡充などには政府も動いた。長期戦になってしまったことは、山中博士の見通しの通りだった。博士への好感度、多くのネット番組ユーザーの尊敬の念の強さを改めて感じた。

6月には、プロ野球の元近鉄で活躍し、日本ハムや楽天の監督もされた梨田昌孝さんと、コロナ対策に当初から一貫して貢献されている尾身茂博士にも参加頂いた。梨田氏は春先に新型コロナウイルスに感染し、入院治療を体験されていた。その経験談も含め、お二人と安倍総理との間で教訓や予防策などの対談が行われた。3人のゲストは、「いかにしてコロナから国民を守るか」の一心から、貴重な時間を割いて出席してくれた。頭が下がる想いだった。

4月に緊急事態宣言が発せられ、連休明け頃からコロナ新規感染者数が頭打ちになったが、別の問題が浮かび上がり、厚労省から「政府広報でも対応して欲しい」との要請を受けた。第一章で述べた通り、「ガンの検診者や、幼児期に免疫機能を備えるためのワクチン接種に来る親子が減っていて、このままでは、来年以降、コロナとは別の健康問題が起こる。ぜひ、検診や定期ワクチン接種を促す広報を」という要請だった。

ただ、読者の方々もご記憶かもしれないが、この間、最大の広報はやはり安倍総理の記者会見だった。コロナ禍のような非常時における、官邸での総理大臣記者会見については、章を改めて述べることにする。

(1) When Camelot Went to Japan by Jennifer Lind, *The National Interest*, July-August 2013

(2) https://nettv.gov-online.go.jp/prg/prg20434.html

第四章　メディアとどう向き合うか

批判を浴びた総理会見

官邸での総理記者会見は、ＮＨＫはもちろん時には民放テレビも生放送し、全国に報じられる。ネット、新聞と多くのルートでも広まる。会見の進行役を務める私も、姿はともかく声が流れる。内閣広報官の仕事の中でも高い緊張感を伴うものだ。以下は、いわばその現場報告である。

総理会見はとにかく目立つ仕事なので、会見後には多くの友人や知り合いから「ご苦労さま」という声をもらうことが多かった。ただ、この仕事が総理補佐官であり内閣広報官の仕事の一部にすぎないことは、他の章をお読みになって、おわかり頂けるだろう。

まず、私が個人的にもつデータの紹介から始めたい。個人データではあるが、官邸記者会見は公開の場で行われ、かつそこには多数のメディアの方が在席しているので、私の紹介するデータの検証は可能であるはずだ。だから、ここでは私個人の記録メモを元に話を進めさせていただく。

２０１９年度と20年度の官邸における安倍総理会見の日付と会見時間を見ると、２０１９年度の５回目以降から新型コロナがテーマとなることが多くなり、時間も徐々に長くなる。そして、数多《あまた》あった会見の中でも、その後改善をはかるべき教訓として忘れがたいのが、20年２月29日土曜日の会見である。

この日の会見での私の運営が批判を受け、週明けの国会でも批判された。要は、運営と仕切りが恣意的ではないかというのだ。私が、その時に何を考えたかを述べたい。生中継されている会見の最中のことなので、いずれも安倍総理の判断を仰ぐことなく、私限りで判断したことだ。だから、批判はひとえに私が受けるべきことである。ただ、あの時、私が何を考えて、あのように行動したか、その批判を受けて、その後、どのような改善をしたかについては読者の皆さんにお伝えしたい。

まず、多くの記者が質問を希望し、手が挙がっている中で、終了させたことについてである。この年度におけるそれ以前の会見時間は、約17分30秒～33分20秒。だから、時間で見ると、それを超えたので「最後の１問」と述べて終了し、約35分50秒の会見となった。ちなみに、私が調べた範囲のことになるが、安倍内閣前の数代の総理会見も30分前後のものが多い。1時間程度に達したものもあるが、少なかった。

2020年2月29日、新型肺炎対策で会見に臨む安倍首相。　時事

次に「質問を5問しか受けなかった」との批判についてである。受けた質問数は5ではなく、もっと多い。5は質問した記者の人数である。なぜなら、冒頭に質問する幹事社記者は、一人で数問を質問するからだ。当日の幹事社・朝日新聞の東岡徹記者は、

①全国の小学校、中学校、高校などへの臨時休校の要請の総理の発表は突然で、その日のうちに政府の説明はなかった。学校や家庭に大きな混乱を招いたが、説明が遅れたことについて、どう考えるか？

②今回の要請については与党内からも批判

が出ている。国民生活や経済への影響、感染をどこまで抑えることができるかなどについて、どのような見通しを持っているのか？
③中国の習近平国家主席の訪日を予定通り行うのか？
④東京オリンピック・パラリンピックを予定通り行うのか？
の4つを質問している。もう一つの幹事社だったテレビ朝日の吉野真太郎記者は、
①総理は、今、新しい法律の準備を表明したが、与野党からは補正予算を求める声もある。更に生活面では、マスクやトイレットペーパーがお店に行っても買えない現象が起こっている。総理はこれらにどのような対策を検討しているか。
②また、その法律は、速やかに成立させる必要があると思う。野党側に対して、与野党党首会談も含めて、協力を求めていく考えはあるか。
と質問している。この二人の後、NHK松本記者、読売新聞今井記者、AP通信の山口記者が質問をしている。

江川紹子氏を指名しなかった理由

質問を希望する江川紹子氏を指さなかったことについて述べる。

その前までの総理会見では、官邸記者会（正式には「永田クラブ」）常勤幹事社のキャップから質問を受けており、それ以外の記者からの質問は、外国系のメディアに限っていた。だから、ここで江川氏から質問を受けると、新しい例を開くことになる。

私は、それまで官邸記者会の感触を調べることなく、新たな例を切り開くことはしてこなかった。官邸記者会との間では、実際に会見をどう行うかについて、さまざまな前例や相場観がある。会見のやり方を含め、広報関係の仕事は多くの記者を擁する取材する側とのコラボレーションで成り立っていることが多いので、記者の皆さんの協力が重要であるというのが私の考えだった。

だから、江川氏を含め常勤幹事社以外の方を（それまで指名してきた外国メディアの方は除くとして）総理会見で質問者として指名するに当たっては、それまでしていなかったことをする以上、事前に記者会の関係者の感触を確かめておきたかった。だから次の会見では、以下に説明するプロセスを経て、江川氏を指名している。

会見のあった当日は土曜日で、その後、安倍総理は間を置かずに私邸に戻ったのだから、時間はもっと長くできたはずだ、という指摘があった。たしかに、会見の運営に関して寄せられた意見から、この点はもっともだと感じた。ただ、だからと言って、「質問がある限り、続けるべし」との考え方には賛成できない。

総理大臣は、日本国政府最高位の職にあり、あらゆることに責任を負っている。会見での説明はプライオリティの高い仕事だが、その中の一つだ。オフにはしっかりと休息を取り、また、職務から解放されて、資料や電話を処理し、頭を整理しリフレッシュする時間も必要だ。こうした時間を作ることで、国が直面するさまざまの課題について、優先度の高さ、急ぎのものかどうか、中長期の視点で検討すべきものかどうかなど、国家戦略を総理自身が静かな環境で整理できるというのが、私の補佐官としての考えだ。

まして、週明けからは国会、それも早朝からの予算委員会対応があった。24時間を通じて、ミサイル発射や大地震などの突発事態に備える必要もある。実際に事態が発生した時には、総理がスクランブルで直ちに対応できる「余力」を常にもっておかなければならないのである。

時間を拡大、「密」を避けて人数増

ただ私は、まさにPDCAをしなければいけないと考えた。まず、会見時間である。

安倍総理は「時間はもっと長くする」との考えを持っていたので、次の3月14日の会見から、長くした。

官邸記者会の常勤幹事社以外の記者を指すことについて、何人かの記者に意見を聞いてみた。「これまでのやり方を変えるべきでなく、常勤幹事社に限るべきだ」という意見もあったが、多くは、コロナ禍の問題については「常勤幹事社にプライオリティを置くべきだが、それ以外も含めないわけにはいかないだろう」との考えだった。そこで、3月14日の会見では、常勤幹事社以外の記者の指名を増やした。

この頃、飯島勲内閣官房参与から、「記者会見自体が『密』だ。国民に密回避を要請している中、マイナスのメッセージになるのではないか。諸外国でも会見場では記者と記者との間隔を空けている。参考にすべきだ」との指摘を頂いた。もっともな指摘だった。

ただ一方で、記者と記者との間隔を広げると、会見室に出席できる記者の数が減るというトレードオフが生じる。そこで会見の場所を、官邸1階の会見室から2階の大ホールに変えることを考えた。かつて米国のマイク・ペンス副大統領が訪日した時に、麻生太郎副総理との共同記者会見をこの大ホールで行ったことがあった。大ホールの電源や配線、テレビカメラを配置するスペースの十分さなど、生中継に支障を来さないようチェックをし、調整を終えた。記者の席数も29となり、19の常勤幹事社に席を割り振ると、フリーも含む常勤幹事社以外のメディアに10席を確保できることになった。

そこで、記者の皆さんにお知らせした上で、緊急事態宣言を発したことに伴う4月7日からの総理記者会見は2階大ホールに移り、「密」を避けた会見になった。常勤幹事社以外の記者が10人を超えて出席を希望する場合は、抽選で10人を決めることにした。

プロとしての記者の技量

質問をする記者の総数が多くなり、また、フリーを含め常勤幹事社以外の記者の質問回数もかつてなく増えた。そして、会見場で質問をできない方には会見終了後、質問をメモで出してもらい、総理からの答えを回信するようにした。会見場で指名する記者については、それまで指名していない記者をなるべく優先し、総回数でバランスをとるように努めた。だから、幹事社として複数の質問をした記者は、幹事社を交代した後は優先順位を下げた。

「総理の記者会見用の時間を十分にとれば、質問を希望する全員を指せるはずだ。国民への情報発信は重要だ」という意見もある。だが、先に述べたように、国民への情報発信は重要ではあるが、同時に、総理には記者対応以外に多くの重要な用務がある。情報の「発信」も大事だが、用務を行うことで発信できる「情報」を作ることも重要なのだ。

内閣官房長官も同様だ。関係省庁の縦割りを乗り越え、政権全体として整合性があり、統合した政策をまとめる上で、官房長官による調整機能は欠かせない。まして、官房長官は危機管理担当大臣であり、拉致問題対策や沖縄振興などの担当大臣になるなど、重い課題の責任を担っている。記者会見以外の仕事のためにも、時間とエネルギーを確保することは必須なのだ。実際、こうしたことを理解してくれている記者の方も多いと私は感じている。

総理記者会見の実況を見ている方はお気づきだと思うが、私の指名を受けて質問する記者の発言時間は、個々の記者によって差がある。中には、滔々と自らの意見を述べる方もいる。幹事社以外の記者でも2つ以上の質問をする方もいた。各記者の質問は、自らあるいは社内で練った内容だろうから、質問が終わる前に、私が言葉を差し挟むことは慎んだ。しかし、一人の記者の発言が長くなると、他の記者が質問する時間に皺寄せが出る。発言がとても長くなった場合には、私は「質問に入ってください」、「あとは手短に」と言うこともした。どの記者が質問に入る前に、長々と発言していたかは、会見の記録を見てみれば一目瞭然であるはずだ。

そうした中で、なるべく要を得て簡潔な形で、そして、自分が狙った事柄について、総理からの発言を引き出すように工夫をした上で質問をする記者の方には、私はプロとしての技量を感じた。

「中立・公平」と報じる側の主観

広報官は、ここで述べたような会見の場以外でも、メディアの人々と日常的に接することになる。報道とは客観的・中立・公平であるべきだ、とはよく言われるが、実際には様々な主観や主義が入り混じり、時にはファクトに基づかない、恣意的な報じられ方をされることもある。それでも報道は民主主義に不可欠だという考えは変わらないし、今後もそうあってほしいと願っている。以下、体験を交えてまとめておきたい。

前述のように私は総理官邸で2度、合計9年近く勤務する機会を頂いたので、多くの報道機関の方々と交流することができた。全国紙や全国放送網のトップの謦咳に接する機会もあった一方で、入社間もない若い記者たちとも挨拶を交わすようになった。なかでも頻繁に交流した方々は、官邸記者会の各社のキャップや、官邸に詰めて日々取材活動をしている記者たちだった。時には、本社に陣取る政治部長やデスクと呼ばれる副部長、部次長クラスの人たちも付き合ってくれた。それぞれの見識と価値観に立っての指摘を受けたり、教えてもらったりした。私が退任した後も交流の機会を頂いている方々もいる。

これから述べるように、報道は、実際には書き手の主観に依る部分が大きい。報道関係の職業を選んだ人々は、高い学歴を持ち問題意識も高い。政治家になっていく方も多い。メディアの醍醐味は、若いうちから政治家をはじめ、官庁、企業、自治体などのトップともアクセスの途を開き、直接に相手方の意識や考えを聞くことができることだろう。信頼を得るにつれてトップが胸襟を開き、自分の見方や考えを直接に伝えるようにもなる。時にはアドバイスも求められる。そして何といっても、自分の主観を新聞の紙面や放送の電波に乗せて全国に届けることで、社会に影響を与えることもできる。良い仕事の結果は、報道の質に直結する。

だから、「メディア、報道」はいつまでも若い人たちを魅了する職業だろうし、今後もそうあり続けてほしい。そのために私が広報官として感じたことも述べておきたい。もちろん、若い人たちを魅了する職業であり続けてほしいという点は、霞が関の官僚たちにとっても他人事ではなくなっているが。

計1万2000ページの情報開示

民主主義国家において、メディアの重要さを否定する人はいないだろう。逆に、メディアの重要さを否定する国や体制は民主主義国家とは言えない。

メディアは私たち個人や個別の企業では見つけられない様々な現象、動向や人々の行動、その背景にある考え方などを日々刻々と知らせてくれる。私たちの視野や知見は、基本的に自ら経験したこと、学んだことに限られてしまうが、メディアの報道により、他者の状況、社会や国家の動向、世界の情勢を短時間で知り、また、自分では気づかない視点を得て、それを使うことで自分の今後の行動を作っていくことが可能になる。

自分の想定を超えた動きや自分と違った見方を知り、そうした人たちと議論ができれば、私たちは自分の考え方と行動の幅を広げることができる。また、多くの人たちが議論を交わし、相互の意見の差異を縮め、集約できれば、社会、国としての〝公約数〟も大きくなる。言論・表現の自由が民主主義国家の背骨を成す所以《ゆえん》だろう。

したがって、政府が表現、言論の自由を尊重すべきことは言うまでもない。加えて、政府は、国民の眼を感じ、批判も受け得ることが仕事上での緊張をもたらし、仕事の質の向上にもつながっていくというのが私の考えだ。

私は公務員として勤務した40年余りの間、「こういう政策を展開したら、メディアからどんな反応を招くだろうか。その時の説明ぶりはどうなるだろうか？」といった思考のフィードバックを繰り返した。規制の立案という制度設計から、補助金交付など個別の執行行為に至るまで。それにより、事後に批判されてから是正するのではなく、行政としての行動を、事前に適正なものにすることに役立つ。情報公開はこのような文脈の中で理解する必要がある。

情報公開が、行政運営全般にわたって重要であることを包括的に明らかにするべく、1998年に国会で審議され、「平成10年法律第103号」として中央省庁等改革基本法が制定された。この法律は、それまでの霞が関を抜本的に改めることを目的と内容にし、その第50条第1項に「政府は、中央省庁等改革がその目指す目的を実現するためには行政機関の保有する情報の公開が欠くことのできないものである」と定めている。これを受けて翌99年5月、「行政機関の保有する情報の公開に関する法律」(情報公開法)が公布され、2001年4月1日に施行された。これで「ようやく英米並みになった」

と言ってもよいと思う。

中央省庁等改革基本法が定める省庁組織の在り方については、法律施行から20年以上が経過し、当時、想定した状況もかなり変わっているのだから、改正を議論すべきだろう。ただ、情報公開にせよ政策評価にせよ、行政の説明責任の部分については、社会的要請は変わっていないと思う。

ちなみに、私が第2次安倍政権の内閣広報官在任中に受けた、情報公開法に基づく開示請求は91件。それらへの対応は、全部開示決定が12件、部分開示決定36件、不開示決定が43件だった。不開示の決定をした43件の理由は、いずれも請求された文書の不存在、つまり開示する文書がないから、開示しようにも開示できないことによる。また、部分開示決定をした36件で不開示とした部分は、個人の氏名、契約先の印影、総理動線（歩いて移動したりするコースのこと）、広報室の電話番号などで、いずれも同法上の不開示事項になるもので、それら以外は開示した。

だから実質上、開示請求を受けた全件で開示決定した。ページ数は合計で1万2000ページを超えた。私の任期末の時点で決定が延長扱いされていた8件もその後開示となっており、開示ページ数は更に2万5000ページ追加されている。

「言論・表現の自由」との出会い

今から50年前、東京大学1年生の時、私は英米法の泰斗・伊藤正己教授のゼミに参加し、「マスコミ判例100選」を題材に教えを受けた。当時、教授に頂いた「憲法の基本的人権の中でも、特に重要な権利は、言論・表現の自由のような精神的自由だ。財産権は有体だから、他人の権利とぶつかることがあり得るが、精神的自由ではそういうことはない。だから制約を受けない」との教えを今も思い出す。

私の生家は、千葉県内で新聞販売店を営んでいた。全国主要紙すべてを扱う、いわゆる合売店で、私も中学校3年間、朝刊配達をした。だから、伊藤教授から民主主義社会における言論・表現の自由の重要性を学んだ時には、誇らしくも思った。記者や論説委員がいい記事を書いても、配達役がいなければ新聞は読み手（新聞業界では「客」とは言わず、「読者」と呼ぶのだが）である国民、つまり主権者に届かない。よって、私の朝刊配達も民主主義社会で役割の一部を果たしていたと実感したからだった。

最近は、年々、新聞の販売部数が減っている。電子版への代替が世界の趨勢だから致し方ないのだろうが、一抹の寂しさもある。しかし、安倍総理や菅官房長官のおかげで、新聞報道と深く関わる内閣広報官の職を果たすことができたことに感謝し、幸運を感じている。

そもそも何ゆえに報道は尊重されなければならないか？　1969年11月26日最高裁大法廷判決は、次のように示している。

「報道機関の報道は、民主主義社会において、国民が国政に関与するにつき、重要な判断の資料を提供し、国民の『知る権利』に奉仕するものである。したがって、思想の表明の自由とならんで、事実の報道の自由は、表現の自由を規定した憲法21条の保障のもとにある」

すなわち、保障のもとになるのは「事実の報道」なのである。一方、報道は報道側の主観の表出という一面がある。元朝日新聞の本多勝一氏は、この最高裁判例の後に著した書『事実とは何か』（朝日文庫）で、次のように述べている。

「報道の場合私たちはさまざまな『事実』を伝えられます。この『事実』はしかし、それぞれの立場によって操作・選択されたものであって、立場のない選択というものは有りえない（中略）、『客観的報道』というものは幻想にすぎません」（29頁）

「新聞とか放送とかは、なにかとゴマ化し用語が多いね。（中略）『社会の公器』だの

『不偏不党』『中正』『言論の自由』……、これ、全部ウソ八百なんだから」（148頁）
「（新聞、ジャーナリストに対する一般の方の期待が大きすぎる問題について）幻想を大きくするように〝教育〟されてきましたからね」（158頁）
「（マスコミの影響力について）大衆に付和雷同性の強い日本のほうがもっと大きいだろう」（159頁）

本書の解説では、元共同通信の小和田次郎氏も持論を披瀝し、こう述べる。

「純粋な客観的報道など不可能である、その点をはっきりさせることの重要性である。『事実の報道』といっても数多い事実のなかから選択するのであり、立場のない選択はあり得ない――そういう著者（筆者注：本多氏）の主張に私も同感する。報道とは、何を書くかというテーマの選択に始まって、どういう切り口で書くか、のアプローチの選択、さらに表現の選択、という三つの段階の選択によって行われるすぐれて主観的な作業であり、だからこそ一人一人のジャーナリストによるその選択の仕方が非常に重要になる」（292頁）

この点については、いろいろな意見があると思う。ただ、取材で得た種々の事実を選択して報道する、そこに「選択」がある以上、主観が入ることは否定できないだろう。

Perceptionと事実の歪曲

また、報道スペースという制約もある。新聞でいう「紙面」の限度であり、テレビでいう「尺」の制約だ。これらにより、書き手は取材した結果のすべてを報じることはできず、その限度のなかで何を報じるのか、どんな文脈と筋にするのか、という主観による選択を迫られる。書き手本人がするのか、それぞれのメディアの編集責任者が決めて書き手に指示するのか、様々なケースがあるだろう。

一方、読み手の側も忙しい。読むことに配分できる時間は限られ、報じられている全てに目を通せないことが多い。だから、取材で得た内容を元に、手際よく記事をまとめることが必須となる。逆に、読み手の関心を引き、ある方向からの理解を促すために編集という作業がある。具体例やデータで説得力を高め、メッセージ性を強める写真や画像も入れ込む。そしてシャープな見出しを付す。個々の記者、編集者の「選択」が大きくモノをいう。同じ題材を扱っても、新聞社により見出しが異なることはしばしばだ。

読み手の関心（Attention）や賛同（Agreement）を求めるのは、官邸広報もメディアも同じだ。限られたスペースと時間とで、どんな読後感なりパーセプション（認識）を与えたいのか。パーセプションは理解の仕方につながり、行動（Action）に影響する。前出のボッツマン氏は「Perception is everything」（前掲書258頁）だという。

よく引き合いに出される話だが、殺人事件が連日のようにニュースになる。またか、と思う。では、殺人事件を含む凶悪犯罪が、以前に比べて増えているのだろうか。統計では、殺人事件の数は終戦直後の1946年から2012年までは、毎年1000を超えて推移してきた。特に、54、55の両年は、3000を超えた。13年に初めて1000を割り、最近では、19年が950件、20年は929件になっている。

むろん1件であっても殺人事件は社会の大問題だが、報道機関が増えたせいなのか、24時間刻々とニュースを伝えるストレートニュースや報道系の情報番組が増えたせいなのか、以前に比べて殺人事件の報道を目にする機会が増えたことで、「近頃は殺人事件が増えたな」というパーセプションを持ってしまうのではないか。殺人事件の報道頻度を上げれば、それだけ国民は気をつけるだろう。他方で、社会を大騒ぎさせる報道を見て、それ以降の殺人事件が抑止されるかもしれない。

「報道」機関である以上、最も大事にすべきは、事実を報ずることだ。先に述べた最高裁判決のポイントも、まさにこの点にある。本多氏の前掲書には「ジャーナリズムの堕落や退廃は、事実の無視あるいは意図的歪曲からまず始まる」(258頁)ともある。また、事実の断片を、自分の作るストーリーの中にちりばめ、主観を客観に見せようとすることは「意図的歪曲」の好例だろう。後に具体的に紹介する。

報道の購入者(読者、視聴者)は、世の中の事実、事実を対象にした評論を知りたいのだ。定期発行新聞が、国家制度である消費税の中で軽減税率の対象に位置づけられている理由もそこにあるのだろう。過去にも、事実と違った報道をしてその社の幹部が訂正と謝罪をした例はいくつもある。

また、事実だとしても、それを報じることに何の意味があるのかと思うこともある。例えば、ロシアの新大統領に就任したドミトリー・メドベージェフ氏を紹介した朝日新聞の記事に、身長が低いことを報じた部分があった。大きめの見出しには「162センチ」、記事には「162センチとされる身長はロシア人としてはかなり小柄」。さらに「ロシアの最高権力者は(中略)頭髪が『薄い』と『豊か』が交互になっており」(2008年5月9日付)などとある。一国の首脳の背が低いことや頭髪の薄い・濃いを、紙面を割いて、見出しをつけてまで報じる事実としての意味がどこにあったのだろうか。

朝日新聞による印象操作の一例

意図的歪曲の一例として、私自身への批判があった。2019年6月30日付の朝日新聞記事で、「首相補佐官が元大臣PR　参院選の自民候補予定者」という見出しが付けられている。批判のポイントは、次のようなものだった。

——6月14日に福島県で開いた中小企業経営者向けの会合で、翌7月の参院選に自民党公認で立候補予定の森まさこ元少子化相が同席する中、長谷川（筆者）が森氏の実績をアピールしていたことがわかった。公職選挙法は公務員が地位を使って選挙運動をすることを禁じている。「道義上の問題がある」との指摘も出ている。公職選挙法は首相補佐官を含むすべての公務員について地位を利用した選挙運動を禁じており、候補者の推薦や投票の勧誘、演説会の開催などが抵触する。国家公務員法（国公法）や人事院規則は政治的中立性を求めている。

記事で報じられた会合に私が総理補佐官として出席し、政府の中小企業政策を説明し、出席した地元の皆さんの悩みや要望を伺ったのは「事実」だ。福島県に入るのだから、普段から懇意にしている同県選出の国会議員（したがって自民党の議員がほとんどになるが）に連絡する。これは福島県に限ったことではない。政策立案に関与する与党の議員に、地元の中小企業の生の声を聴いてもらうことは大切なのだ。
「政治主導の政策立案を」とは、自民党だけの姿勢ではない。野党も与党時代に強く主張していたことだ。森議員と電話で連絡をとると、当日、会場近くにいるというので、私の方から「来られますか？」と声をかけた。森議員が来てくれたので、私から会場の皆さんに紹介し、紹介の中で議員としての仕事ぶりについて私の所感を述べたという経緯だった。

公職選挙法で禁じられているのは、地位を利用した選挙運動。ここでいう「地位」とは第三者に対する影響力を持つ地位であり、補助金の交付や事業の許認可などの権限を持つ地位のことだが、総理補佐官にはそうした権限が与えられていない。また、森議員の功績を紹介することは選挙運動ではない。また、総理補佐官、内閣広報官は特別職の国家公務員であり、国公法も人事院規則も適用されない。

記事は「公職選挙法は地位を利用した選挙運動を禁じている」、「国公法や人事院規則は政治的中立を求めている」とそれ自体は事実を報じている。しかし、それら法律や規則は、いま述べたように、私には適用されないし、その日の私の行為にも適用がないのである。特別職の国家公務員に国公法や人事院規則の適用がない、との条文があることには触れず、あたかも、国公法や人事院規則が私に適用される、という印象を与えようとしている。記事を書いた記者はこの辺りの事情を知っていたなら、故意に私についての印象を操作している。知らなかったとすれば、記者として基本的なチェックミスだ。「倫理上の問題がある」というが、倫理上の問題になるか否かは各自の価値観に依る。私は朝日新聞の倫理観と同じ倫理観をもって行動しなければならないのだろうか。価値観にかかわらず、やってはいけないレッドラインが違法行為だ。この記事は、朝日新聞社の道義観、倫理観に従うと、当日の長谷川の行動は許せない。しかし、自社の道義・倫理観だけでは批判が広まらない。だから、長谷川の行動が法令違反との印象を与えるために、本来、私には適用のない国公法や人事院規則をちりばめ、違法な行為という印象を創り出している——というのが私の見方だ。だから、官邸での記者会見で質問が出た時には、西村康稔官房副長官は、私の行動が「違法ではない」と答えたのだ。

しかし、この件では私への報道の攻撃は続いた。そして、国家公務員を辞して1年半が経過しても、朝日新聞はインターネット（朝日新聞デジタル）を通じて、今なお私への攻撃を続けている。ネットで「総理補佐官　長谷川榮一」で検索をしてみて頂きたい。

私が下を向いて、顔を上げられないような表情の写真が掲載されている（1）。それを見て、皆さんはどんな印象を持つだろうか。

実は、この写真は6月30日の朝日新聞に掲載された写真とは違う。この写真は、7月1日に総理官邸を訪れたベトナム・フック首相が安倍総理との首脳会談を終えた後の両首相の共同記者発表の時のものだ。司会役の私は、両首相の発言の場面や順序に間違いがないよう作成された下書きメモを参照する。メモを確認しながら進行するので、メモを見る時には下を向く。その時に、両首相が相並ぶこの場では、全くの脇役であった私に近づき、私より低い位置から下を向いている私を撮った画像だ。その角度では、私は下を向き、メモの文字を確認するからこういう表情になったのだ。

朝日新聞デジタルは、彼らが奉じる倫理観に従って私を断じ、それを見た人に同じ印象を持ってもらうために、当日の記事とはまったく関係ない状況での写真を掲載し続けているのだろう。私が一人の私人になって1年半が経過したが、2019年6月30日から2年以上、この写真と記事を掲載し続けている。この間、私は、朝日新聞に削除要求をしてこなかった。この写真を海外も含め知己に見てもらい、「日本における『表現の自由』の実相は、こんなものなんです」と紹介したいからだ。

ジャーナリストは文化エリート？

事実と違った報道がある場合は、新聞社にクレームを入れる。口頭か、ペーパーで申し入れるか、宛先は官邸記者会の責任者か、本社編集局の幹部かなどは、話題の深刻さ、違いの程度、相手側の対応ぶりなどによってクレームの方法は様々となる。私自身も何度かクレームを入れたことがある。誠意ある対応を頂いたこともあるし、無視されたり、意地悪く扱われたりしたこともある。対応ぶりは、個々の報道機関によってかなり差異がある。

それは外国報道機関に関しても同様で、主として私と歴代の外務報道官が相談しながら対応した。例えば、２０１７年3月31日付のウォール・ストリート・ジャーナルが、社説で「森友の件により、安倍氏が勢いを失している」と報じた時、私は「安倍総理がふらついているとしたら、この全てを達成できただろうか？」と題して、経済や国会での成果を挙げた投稿をした。

ゴーン事件を巡り、19年末から日本の司法への批判が報じられた時、森法務大臣が同紙に反論投稿をしたことは第三章で述べたが、特記すべきは、海外メディアは語数の制限はかけるが、反論投稿の掲載に前向きに応じるというポリシーをもっていることだ。「購読者は、意見の両論を見ることで、自分の判断のベースを広げるだろう」という多様な議論を尊ぶカルチャーが感じられた。

米国のウォール・ストリート・ジャーナルで編集長を務め、現在は特別編集委員であるジェラード・ベーカー氏は、最近、ウォール・ストリート・ジャーナルで次のように記している(21年8月10日付)。

私の懸念は、これらの話題(気候変動)のほとんどすべてが、今は、ニュースメディアによって報じられていることだ。「と、報じられている」というのは間違った言い方だ。報じられていることはファクトではなく、神聖視するべき真実であり、反論を許さない確信と倫理上の明確さが盛り込まれたものである。ジャーナリズムは、もはや何が起こったのかを私たちに伝えようとせず、私たちが何を信じなければならないか、を伝える。気候、コロナ、民族関係、投票手続き法といったすべての主要な話題で、ほとんどすべての報道が粗探しを好む教訓者のようなトーンで私たちにがなり立てる。信じようとしない者へのジャーナリストによる独りよがりの軽蔑を表しなが

ら。（中略）

ジャーナリズムの最盛時には、懐疑と好奇心が求められた。優秀な記者は、どんな時であろうとも伝えられたことを疑う。そして、いろいろな弁明と説明とを較量しながら、代替の説明を自分から創り出そうとしてきた。（中略）現代のジャーナリストは違う。志の主要部分は、専門家層の一部になることだ。自分を文化エリートの一員と位置づけ、選ばれた側にいることで満足する。これはジャーナリズムではない。

無論、ベーカー氏が日本語の報道を読んで、このように指摘しているとは思えない。ただ、この道で長年実績を上げたベーカー氏の指摘は、米欧の報道について述べているにしても、知っておく意味があるだろう。

ノイズだけでなく静寂に耳を傾ける

フィナンシャル・タイムズ米国版の編集委員を務めるジリアン・テット氏は、自身が金融や金融工学などに馴染みのなかった時に、その世界で銀行家たちを取材した経験を近著『Anthro-Vision』で、紹介している。

「リーマンショックの前の2005年、中央銀行は金利を上げるのに、市場での借り入れコストは低下したままだった。また、証券化により、銀行は債務を他の投資家に売却し、バランスシートを縮小しているはずなのに、逆に膨張を続けていた。これらの腑に落ちない話があったのに、銀行家たちは自分をチェックするインセンティブをもちあわせていなかった。それは故意にウソをついていたのではなく、もっと重要で、厄介なことに、体質（habitus）に発する問題だった。自分の中で公と私は別、つまり、私的に腑に落ちなくても、組織上、制度上は別の仕切りという感覚に根差していたから。金融では、何事も抽象的な数学処理で、コンピューター・スクリーンの中で仕事が完了する。そこには人間が見えない。（中略）金融関係者は鳥の眼でマインドセットをしており、これは社会人類学者が得意とする虫の眼の対極だった。この結果、危険な展開になっていった」（89～91頁）

テット氏は、「金融氷山」と表し、2007年の前、デリバティブが水面下で大きさを増しているのに、メディアの関心は水面上の部分に限られていたと述べる。そして、14年のダボス会議では、同氏はフェイスブック、グーグル、アマゾンがもたらす技術革新に目を凝らした。米国で生活現場の調査によると、「子供たちがネット中毒になっているのは子供側に原因があると見がちだが、子供たちをネットに仕向ける原因は、むしろ親たちの方に大きい」ことに着目する。これに続き、次のように述べる。
「メディアは、現代生活の多くのもののように、ノイズに支配され、ジャーナリストをはじめとする人々により創造されている。そこでは、ストーリー作りを巡る激しい競争があり、他人の発言を追いかける。静寂に耳を傾けることはわがままと見なされる。デリバティブ問題の時の経験から言えば、メディアはジャーナリストたちが、ノイズだけでなく静寂に焦点を当てた時に最高の状態になる。特に政治のノイズがますます高まってきている時には」（１４４～１４６頁）
社会人類学者であるテット氏は、「西側欧米社会では人間の行動をWEIRD（Western＝西洋化している、Educated＝高い教育を受けている、Individualistic＝個人主義的、Rich＝裕福、Democratic＝民主的）かどうかで理解しようとする。そして、当てはまらない人たちをstrange（奇妙）だとする。しかし、人類は西洋社会ができたずっと以前から営みを続けており、WEIRDでは理解しきれない」という考え方を唱えている。
東京、特に永田町、霞が関の感覚や価値観だけに立って、日本各地にことを報じようとすると、漏れが出る可能性があることに通じるものを感ずる。ちなみにweirdという言葉は「怪しい」、weirdoは「変わり者」を意味する。

私自身、もともと長く経産省に勤務した自由貿易論者ではあるが、日本各地を訪れると、ミクロ経済学の教科書的な発想だけでは律しきれないことに出会う。アジアとのEPA（経済連携協定）交渉をしていた時、「原則として、すべての品目の輸入を自由化できないか」という問題意識に立って、砂糖の輸入自由化を検討したこともあった。しかしその後、沖縄県南大東島を訪問した折に、製糖工場の煙突に書かれた「さとうきびは島を守り、島は国土を守る」という言葉を見て、砂糖原料の輸入を自由化できなくても納得できる気がした。また、カロリー管理の点から糖類摂取の抑制を意識し始めると、最近は、砂糖価格が低下しなくてもいいではないか、とも思うようになってきた。

良質なメディアは共有財

報道はまずはファクト（事実）に立つ、それも正しい文脈で位置づけることが前提となる。個々のジャーナリストには、他の方が見落しがちなファクトも、目を凝らして、関心をもって刈り取って頂きたい。そして、頭と心とに収納したファクトの引き出しの中から、自分の主観でそれらを取捨選択し、ストーリーを織り上げてもらいたいものだ。静寂に包まれている声にも、取材相手が答えなかったことにも目配りをしながら。

独りよがりといわれない「さすがの切り口」、確かな裏付け、フェアな筋立てと評される主観。書き手が、自分で決められるものである以上、それへの評価も自分の上に落ちる。しかし、紙面であれ電波であれ、メディアの方々の主観は、国民、国家に大きな影響力を持つ。

メディアの世界はこの特権、特権という言葉が嫌なら、やり甲斐と醍醐味を、若い時から味わうことができる職業だ。何と難しい、しかし、何と挑み甲斐のある職業だろう。現在のメディア幹部には、ご自身が豊富な経験を活かした発信をするとともに、次を担う世代を励まし、育てて頂きたい。そして、若者が次々と門を叩く職業であり続けて欲しい。良質なメディアは、国民の精神を豊かにし、国の質を高め、民主主義の強さの証左となる。まさに共有財というべきものだから。

（1）https://www.asahi.com/articles/ASM713VHTM71UTFK00G.html

第五章　総理補佐官は官邸で何をしているのか

総理補佐官はスタッフ機関

官邸での勤務の間に痛感したのは、率直に言って、内閣総理大臣補佐官の仕事は重く、難しい、ということだ。今は実感を持ってそう言える。

私が任命された内閣総理大臣補佐官は内閣法に根拠を持つ職で、内閣の重要な政策について、総理大臣が企画、立案を行うに当たり、総理を直接に補佐するのが仕事だ。裏から言えば、政策の執行権能はないいわゆるスタッフ機関であり、それゆえ良い政策を考えて総理の了解が得られても、結果に繋げるためには、それだけでは完結しない。だから、補佐官は総理大臣が政策を企画、立案の補佐をする際には、その政策の執行のことも考えていないといけない。

特に私は国会議員ではないので、常時官邸で執務をすることが可能であり、政策の企画、立案では、常に実現に向けた手立てを自問しながら進めた。総理と官房長官はもとより3人の官房副長官は閣議メンバーであり、執務室も官邸5階にある。したがって、各省庁からの報告や情報が包括的に入るのに対して、スタッフ機関の補佐官では、執務室も原則として官邸4階にあるので、人の動きが見えにくく、情報や報告も包括的な形では入りにくい。私は任命された時に、5階の総理大臣秘書官室と隣接する部屋を使えるようにしてもらった。

実際の仕事の進め方

実際には、自分の問題意識で作った企画案を、まず総理大臣に報告する。前向きな感触を得た場合には、立案に向けた仮説を作る。執行権限を持つ省庁が動いてくれるような工夫をしながら行わなければならない。だから、各省の任務や権限、関連法の内容、省庁間の関係、それぞれの分野で影響力を持つ与党議員は誰か、などの基礎知識が必要で、かなりの程度は個人芸による仕事だ。

進め方も含めて仮説が具体化すると、事柄に応じて官房副長官の（少なくとも）一人に、あらかじめ総理の感触と私の考えを聞いてもらい、賛意を得られたものから取りかかる。国会情勢や与党の雰囲気、問題意識など、歴代の副長官からは貴重な指摘をもらった。

その上で関連する省庁の事務方の幹部に官邸に参集してもらい、実態の確認、採り上げるべき論点、審議日程などの取りまとめをする。議長は副長官が務めることが原則だった。取りまとめた内容の実施は関係する省庁に依頼するが、結果に繋げるためには事後のフォローが欠かせない。しばらくインターバルを置いてフォローアップ会議を開催し、節目には副長官あるいは私から官房長官、総理に報告した。

テーマは、総理の意向が具体的に明らかなものは当然として、各省庁側が「もっともな提案だから協力しよう」、あるいは「実現には官邸機能を使おう」と思うだろうか、ということから発想することにした。大きな組織でスタッフ機能を上手く活用させるためには、法令の面でも実体の面でも組織のラインに溶け込ませることが必須である。

産学トップが同行する訪問団

安倍政権発足早々の2013年1月、その年春の連休の総理の外国訪問先はロシアと中東に内定した。総理は、中東には経済界の要人を同行したいという意向を持っていた。

無資源国の日本にとって、中東外交の重要性は言うまでもない。

また、第1次政権の時に、経済界の要人にサウジアラビアやアラブ首長国連邦（UAE）に同行してもらったことがあった。訪問相手は王族なので、いくら財界トップといえども民間人だけで訪問するよりも、総理同行の方がアポを取りやすいという考慮もあった。同行した経営者の中には、総理訪問団がその国を離れた後もとどまり、いわば湯気の立っているうちに独自に王族とのアポをとる方もいた。

産油国は概ね財政的に豊かなので、政府開発援助（ODA）の対象国ではない。だが、日本の外交の幅を広げるべく、石油・ガス以外でも多様な関係を構築し、相手国に寄与する。そのために、経済界、さらには大学のトップの同行がカギになる。産学トップの同行は、日本が世界にソフトパワーを発揮する助けとなる。この時には、江藤拓農水副大臣も同行し、日本の食の広報を始めた。中小企業も含めた経済界や学界トップたちの同行は、その後の安倍総理の外国訪問での原則になった。

同行への総理の前向きの意向は明確だったので、世耕弘成副長官をヘッドにして具体案の検討を始めた。総理の意向を外務省や経産省に指示するだけでは物事は進まない。大勢での外国訪問で欠かせないものを最初に確保しなければならない。それは移動手段である飛行機とバス、通訳、セミナーの会場の確保などだ。プレゼン内容や配布資料のとりまとめはその後でよい。

訪問先であるサウジアラビア、UAE、トルコに、経済界のトップが総理日程に合わせて同行できるためには、民間のフライトでは乗り継ぎの時間が掛かり過ぎる。そこで移動は、総理が乗る政府専用機の同行機を利用することにした。政府専用機の2機目を、緊急時の予備として総理機に同行させているので、この活用を考えた。ところが、この年の4月末には、もう1機の政府専用機には別の重要な用務が決まっていたので、民間機で予備機を確保しなければならなかった。

春の連休は民間機がフルに稼働する時期で、加えてこの年は電池問題でB787が使えず、民間機が払底していた。このため専用機以外の政府機の活用の検討も始めざるを得なかったが、本田勝国土交通審議官が、航空会社と粘り強く調整してくれた結果、日本航空からB777機を乗員ともども借りることができた。

次に、1億円近い借料をどう払うかという問題をクリアしなければならなかった。あるエージェントに日本航空から機体を借りてもらい、同行する民間の関係者がそのエージェントに搭乗費を払い込むという方法をとった。こうすることで政府予算を支出せずにB777機を使うことができた。こうしたやり方は前例がなかったので、官邸側（私）が関係者に提案、調整しないと決まらなかった。並行して外務省、経産省、国交省や文科省などと参加企業の確認と訪問時の日程調整を急ぎ、同行日程が固まった。

経済訪問団で頭をよぎった「万、万が一」

2013年5月、ミャンマー訪問時のことだった。経済界の方々には、ヤンゴンまでは一般の商用フライトで来てもらうが、ヤンゴンから首都ネピドーまでは十分な商用フライトがないので、政府専用機の予備機に搭乗してもらうことにした。

政府専用機はCクラス（ビジネスクラス）の席数が40ほどと限られている。多くの社長や会長が同行する中、Cクラス席の利用者の調整が必要になった。Cクラス利用者以外は、同行の職員や記者が使う機体後方の狭い席を使うことになる。各社のスタッフに、上司である自社トップに「Cクラスの席を譲ってほしい」と頼むような調整はお願いできない。そこで私は同行の社長、会長の方々に「ゴルフのハンデを決める場合にならって、Cクラス席搭乗は年齢の高い方から優先させてほしい」と提案、皆さんから直ちに賛同して頂くことができた。

ネピドーからヤンゴンへの帰途ルートでも問題があった。時間を考えれば、総理はヤンゴンには戻らず、ネピドーから東京に直帰した方がいい。国会の会期中でもあり、少しでも早く帰国して週明けに備えたい。しかし、そうなると総理が乗る政府専用機に同行する予備機はネピドーからヤンゴンには戻らない。それではヤンゴンに立ち寄りたい経済人から批判が出かねない。ヤンゴンに戻れば東京直行の民間フライトがあるのに、それを使わず、経済人が政府専用機で東京まで戻るのは政府専用機の趣旨を外れていないか、という批判を招くかもしれなかった。

そこでまずは、ネピドーからヤンゴンまで民間機をチャーターすることを検討した。私はチャーター機の場合の機体の型、パイロットについて担当者に尋ねた。「エアバス機かボーイング機で、パイロットは欧米人。これまでにもチャーターした例がある」という回答だった。しかしこの時、私にはある事故が頭に浮かんだ。米クリントン政権のロン・ブラウン商務長官が、1996年4月に、経済人を同行してクロアチアを訪問。悪天候の中、飛行機が墜落し、同長官を含め35名が死亡した事故だ。総理同行ミッションで「万、万が一」でもそうしたことがあってはいけない。

ネピドーから東京に直帰せず、いったんヤンゴンに寄ると、帰国時刻が2時間近く遅くなるとのことだったが、ブラウン元長官の事故と私の危惧を伝えて総理に判断を仰いだところ、「ヤンゴン経由で帰京。同行経済人の方々はネピドーからヤンゴンまで政府専用機同行機（予備機）で移動し、ヤンゴンで解散」ということになった。

政治・経済・学術界のソフト交流

日本の総理が外国を訪問し、先方の首脳と会談するだけでなく、日本の経済界の要人や地方の中小企業経営者が、訪問先の政府だけでなく経済界や学界と交流することは、日本のソフトパワーを発揮する上で大きな効果をもった。同行者の選定は、訪問する国を念頭に置いて、関係省庁が予備案を作成した。その際、訪問国にある日本大使館、総領事館から、その国にたびたび訪問する民間関係者は誰かについての情報も集めた。

日本国内から見るだけでは、どの企業や大学がどの外国に関心を強めているか摑みにくいが、海外から見ると、どんな企業などが訪問して来るか、情報を摑みやすい。また、アジアやアフリカの場合には、大学別の留学生の交換状況、日本貿易振興機構（ＪＥＴＲＯ）、国際協力機構（ＪＩＣＡ）のもつ途上国での中小企業向け海外協力支援を利用している企業の情報なども念頭に置いた。

そして、総理訪問の実施がはっきりした段階で、候補となる企業や大学などの意向の確認をした上で、関係省庁の事務方幹部との間で最終案を私がまとめ、総理に同行する官房副長官に諮って決定した。

同行人数は、多ければ多いほどいいというわけではない。背景には、第1次政権時代の教訓があった。その時も総理のサウジアラビア、UAE訪問に経済界幹部に同行してもらったが、参加要請は経済団体を通じて行った。総数が増えた半面、首脳会談や先方の経済人との交流の場への参加枠を大きく超えてしまい、先方主催の公式食事会の参加のみになる方が出てしまった。第1次政権後、一部の参加者から私に「物足りなかった」という声が伝わってきた。

訪問国との首脳会談では、同席者は多いに越したことはないが、まず先方の首脳が日本の総理訪問行事に合計でどれぐらいの時間を充てられるか、同時に、総理が先方の政府や宮殿にどのくらい滞在できるか、その調整から始まる。その時間枠の中で、首脳同士二人だけの会談、政治・安全保障・経済など随行の政府職員が同席する政府間会議があり、それらを差し引いた中で同行経済人が参加できる時間が決まり、それに応じて参加者の数も固まる。並行して開催する経済界の交流セミナーでも、まず開催時間の長さが決まり、日本側・相手国側の来賓の発言時間を差し引いた上で、日本側経済人の登壇人数が決まってくる。

つまり、訪問先でそれなりの役割を果たせる経済人の総数は、在外公館を通じた外交当局間の交渉と調整、セミナーを主催するＪＥＴＲＯと訪問先の政府関係者との調整に依る。従って、第２次政権時には、官邸が結節点となって、外務省、経済官庁（経済産業省、農林水産省、総務省、国土交通省、厚生労働省など）を一堂に集めて調整しながら、訪問国に相応しい同行経済人、参加人数、訪問国での行事のプランを編み上げていった。この際、大企業だけでなく地方の中堅・中小企業の参加も含めることを原則としていた。

こうした調整プロセスのおかげで、同行した民間の皆さんから、第１次政権当時のような不満が出ることはなかった。これで、総理の外国訪問時に、ビジネスや大学関係者などが同行する場合の基本形ができた。

アフリカ、中央アジア、東欧、中南米などには、従来、日本の総理の訪問がなかったり、少なかったりした国々がある。安倍総理は、こうした国々への訪問を重視した。訪問国にとっては、日本政府によるＯＤＡ、日本企業の投資・貿易活動や日本の大学による留学生の受け入れや学術面での協力のインパクトも大きいのだ。

日本の総理大臣の訪問に、企業や大学の関係者の参加が相乗効果をもたらして日本のソフトパワーは全開した。こうした地域では、かねてから中国やロシアが大きな存在感を示し、今でも交流を強めようとしている国々が多い。民間企業や大学が同行した形での総理の外国訪問は、今後の政権にもぜひ続けて欲しい。

「土地鑑」のある分野を重視する

総理補佐官の別の心得は、自分に「土地鑑」がある分野を重視することだった。さもないと、各省の提案や実施ぶりにどのような改善を求めたり、どの省の仕事を別の省の仕事と統合して実施してもらったらよいのか、などで具体的に提案できない。

「こういう問題意識で、この問題をこういう方向に改めたいのだが、どうだろうか?」というようなやり方で具体的に相談を持ち掛けないと、関係省庁幹部側に対応を求めても説得力が弱い。「縦割りを排し、省庁統合的に」というだけでは、各省の従来のやり方を改めることはできない。従来のやり方には、歴史とステークホルダー、設置法や作用法の根拠など、それ相応の正当性が伴っているからだ。

近年はやりの「戦略的に」とか「スピード感をもって」というだけでは、戦略的にもスピーディにも進まない。だから私の扱った案件も、今述べたような外国との経済交流振興対策、また、中小・中堅企業対策、広報関連対策が多くなった。補佐官が政策の実施や調整を進める時には、原則として、関係省庁の局長、次官級にお願いすることになる。その分野における事務方のトップとして、政策がどのように実施されているのか、どこをどう改めるとどんな変化をもたらすか、行政がやるのと民間に委ねるのではどちらが有効か、などを知悉《ちしつ》している。皆さん、その道で経験を積み、業績を上げて来た方ばかりだ。

「地方の声は正しく、重い」

例えば、長時間労働をなくすために、毎月の残業時間の上限が、原則として100時間と法律で決められた。法律では、違反には罰則を科す。つまり違反行為を罪にしている。中小企業についても、大企業への実施1年後に適用を開始すると法律は定めた。

ところが、この件の広報で地方を訪問すると、中小企業の方からは「私たちは仕事をしたいんです。客からの受注を断われって言うんですか？　1か月の勤務日数は25日だから、平均すると1日4時間以上残業できなくなります。それ以上してはいけないんですか？　自分の健康や家庭の中は自分で責任を持ちます」という声が上がった。
官邸に戻って、野上浩太郎官房副長官に報告をすると、副長官から、「地方の声は正しく、重い。関係省庁を集めて、その声を受け止めてもらい、対策をまとめよう」との指示を得た。そこで関係省庁の局長にその旨を諮り、「仕事の量や要する時間を省く工夫」「年度末に仕事が集中しないように、官や自治体からの事業発注を年度末に多くしないで、年度初めに前倒しする工夫」「短納期発注を減らすとともに、短納期発注する事業者は受注者への発注単価を増やすように」などの問題意識をもって、具体策をまとめることで合意した。

仕事量を減らすという意味では、中小企業で社員が代わったり、社員数が変わったりした時に必要となる、年金、雇用保険、労災保険などの手続きの電子処理化を考えた。可能になれば、社員が社会保険事務所まで往復する時間が不要になり、その分、職場での実業が進み、残業の減につながるからだ。

最初、厚労省の担当局は乗り気に見えなかった。しかし、私が「残業上限を超えると労働基準法違反ですよ。労働基準法という同じ厚労省の所管法律違反を未然に防ぐために、省内を説得できませんか？」と言うと、坂口卓労働基準局長をはじめ厚労省の方々は前向きになってくれた。数か月して、厚労省の責任者は明るい表情で「進捗度が予想を超えている」と答えてくれた。私は「ありがとうございます。手続きを電子化すると窓口のクレーマーも減って、処理件数も増えるでしょう」と応じた。

仕事量を4つの四半期を通じて平準化できれば、年度後半、特に年度末に仕事が集中して残業が突出しないばかりか、設備の稼働率のバラツキもなくなり、生産性を向上させることができる。自治体による発注量をなるべく年度の初めに移して、年間を通じて変動幅を減らすことが課題になった。そこで、国交省土地・建設産業局の青木由行局長は、市町村に至るまで、自治体が第4四半期に発注する事業量の公表を求めるための法案の国会成立に尽力してくれた。

これにより、受注した中小企業の作業時間が年度末に集中して、2、3月の残業時間が突出するような事態を防ぐことができるようになった。また、経産省が中心になって、土曜の夕方に注文して「翌日の日曜日に現場で納入してほしい」とか、朝に注文して「今日中に納入してほしい」といった短納期発注を減らすための自主行動計画を作成するよう、業界に働きかけをしてくれた。

「契約のひな型」を使った業界慣行の改善

トラック運送業の待ち受け時間の記録化と、それを元にして時間チャージをしやすい環境づくりも進めた。運転手が貨物を客先に届けても、届け先で待たされることがあるというのだ。「その間、料金はもらえるのか?」と聞いても答えはなかった。運転手の拘束時間が増え、次の運送をするための時間が圧迫され、一日の実働労働時間が減るか、あるいは仕事量を確保するために残業を増やすことになりかねない。運転手の疲労が増すと、安全上の問題にもつながる。拘束時間は、本来、有償のはずだ。

そこで、出庫時刻、届け先への到着時刻、出発時刻、次の行き先への到着時刻など、運行状況の記録化を義務付けた。その上で、その間の有償時間を明らかにし、運送会社の収入、ひいては運転手の収入を確保する。ロスタイムが減って、収入が増えて、生産性が向上する。そして安全性の確保にも資する措置のパッケージだった。

しかし、実際の支払条件は、運送会社と発注者との間の契約で決まる。政府側が「当事者間の契約には、そういうことを踏まえた契約とするように」と言うだけでは、結ばれる契約の内容は力の弱い方に不利になり、逆に現状が固定されてしまう。だからと言って、政府が当事者間の契約を作成するわけにはいかない。

そこで、国交省が研究会を開催した上で、「契約のひな型」を作成し、荷主側と運送側、運送側内の親と下請けに示すようにお願いした。ひな型なら契約そのものではないので、契約自体は当事者の間で結び、ひな型と違った内容にすることもできる。ただ、その場合に、なぜひな型と違ったものにするのか、変えた側が説明責任を負うことになる。この間、座長の野上副長官のもと、経産省や農水省などの発注業界を所管する省を含めた議論を続け、国交省の藤井直樹、一見勝之の二人の自動車局長が粘り強く取り組んだ。

契約のひな型というこの政策手法は、他の分野にも応用されている。2017年、中小企業施策説明会で各地を訪問した折、諏訪と仙台で「受注する際に作成する金型は、その後も、下請け側が自己負担で保管を続けている。この費用は何とかならないのか？」と同じ質問を受けた。調べてみると、他の地域でも同じ問題があった。

事情を聴くと、注文終了後も同じモデルの補給部品が必要になるので、発注した側から保管を求められると言うのだ。だったら、双方が継続的に必要とする金型の保管費用は双方が公平な割合で分担すべきで、そのことを契約条項に盛り込むように、との要請を主務官庁から業界に広めてもらった。ただ、「契約に含めるように」だけでは、発注側の強いポジションだけが反映された契約内容になるので、ひな型方式を採り入れようという考えで臨んだ。この方式は、他の中小企業政策の分野でも活用されているようだ。

若者たちの会議参加、総理主催の晩餐会

若者に関する事例も紹介したい。2019年、大阪でG20サミットが開かれた時に、外務、労働雇用、観光など8つの閣僚会議が全国8地点で開催された。主催者はそれぞれの省で、大臣が議長。開催地の地元の高校生から、訪日した閣僚たちに英語で政策提言をしてもらうことを、杉田和博官房副長官の了解を得て、関係省の次官に提案した。各次官からは賛成を頂き、文科省から各地の教育委員会に提案を伝えて、地元で高校生を選んでもらった。

内容の構成、英文づくりとも高校生たちが議論し、まとめたものを、英語でG20諸国の大臣たちに直接に発表する。高校生たちにとって、英語学習の重要性と国家の政策への関心を高める機会になったに違いない。「英語教育を充実すべきだ」と唱えるだけでなく、高校生が普段の学習成果を生かして、高みを目指して挑むことができる機会づくりが大人の仕事というものだ。この高校生の活動は、各地で報じられた。

実は、この発想は福井県に由来する。日本がAPECの議長国だった2010年、エネルギー大臣会合は福井市で開催された。その時に、福井県が発案して、県内の中学生が、エネルギー政策への提言を英語でまとめ、参集していた21エコノミー（注：台湾と香港がメンバーなので「21か国」とは呼ばない）のエネルギー担当大臣に提言したことがある。福井県庁には19年に、10年の時の資料を提供して頂いた。福井県の知恵が9年後に、8つの道・県で生かされたのだ。

また、外国から首脳が訪日すると、首脳会談の後に、総理が総理公邸で晩餐会を主催するのが通例だ。ここにも地方の知事、市町村長や中小企業、学校関係者の方々に来て頂いた。例えば2017年5月19日、アルゼンチンのマウリシオ・マクリ大統領が訪日した時には、アルゼンチンとの交流が長い福島県川俣町の中高生7名に総理公邸に来てもらい、その場で同国の民族衣装をまとい、弦楽器などで民族曲を演奏してもらった。アフリカ首脳の訪問時には、青年海外協力隊の隊員としてその国に在住した経験をもつ若い方を招待することが通例となった。

安倍総理在任中は多くの外国首脳が訪日したこともあり、晩餐会の回数は増えた。招待客案には毎回のように地方から来ていただく方を含めた。そして、お酒とデザートには、国産の日本酒とワイン、季節のフルーツ、食材について解説するメモを一緒に提供する。これに国税庁と農水省が協力してくれた。柑橘《かんきつ》類を供するときには、塩崎恭久元内閣官房長官と世耕弘成官房副長官から、柑橘王国である愛媛・和歌山両県の事情を教えてもらい、両県産のものとそれ以外の産地のもののバランスに気を付けながら出すようにした。ブドウ・マスカットのときには、産地の岡山県選出の加藤勝信官房副長官から教えてもらったりもした。

関係省庁、与党とのパイプ役

民主党時代を思い出せばわかることだが、「政治主導」はその通り大切であっても、問題の改善という結果につながらなければ意味がない。

政治による判断と現場が直面している隘路《あいろ》とをつなぐこと、それも、関係省庁の関連事項を統合する形で行うことが私の任務だと考えた。霞が関では、通常国会明けの夏になると幹部も人事異動してしまうので、政策の立案、調整、法案や予算案への落とし込み、国会審議など、夏から翌年の夏に至る永田町と霞が関の歳時記を頭に置く必要もある。長期政権における長期在任は、結果を出す上で効果があった。

議員、経済界、地方、メディア、外国からの訪問者とのやりとり、外国での報道ぶりなどを、総理や官房長官に報告することも大事な仕事だった。特に、総理や官房長官は過密な日程が続く。与党議員から面会の希望があっても、時間が合わないことが多かった。だから、私がそうした方々に面談し、その模様の報告が議員からのメッセージとなることもあった。お二人とも与党議員の考えの把握と情勢分析に熱心だったので、私もメッセンジャーとしての役割を大事にした。官邸と両与党との間には、いろいろなレベルで、公式・非公式で数多くのチャンネルがあるが、意思疎通の風通しをよくするためにも官邸側の聴き手の幅は広い方がよい。

公開情報をきちんと読む大切さ

言論界の方々とは、朝や夜の食事を共にすることも含めて、様々な情報交換に努めた。まとまった時間をかけてじっくり話すと、その方の持ち味や価値観がわかってきて、より交流が頻繁になる方と、そうでない方とに分かれていく。長年、政治や官邸を観察してきた方々からは、政治家のキャリア、政治家同士の「合う、合わない」など人間関係を含めて、含蓄ある事々を学ばせて頂いた。中には組閣が近づくと閣僚人事について具体案を示す方もいて、その背景と理由に感心することもあった。

また、外国での報道で、安倍総理自身のこと、米中ロ英仏独などの首脳に関するものを総理にお渡しするようにしていた。記事の和訳ではなく、私なりにアンダーラインを引いた記事、あるいは「こんな見方もあるのか」と思う論説や識者による寄稿の和訳などだ。日本での報道ぶりは国内世論につながるが、国際的な安倍総理への評価を知る上では、外国の報道を見る方がためになる。継続して見ていると、安倍総理批判一色というメディアもあれば、評価も批判も混ぜているフェアなものもある。無論、同じメディアでも書き手によって差異があるのは、国内メディアの場合と同じだ。

海外の動静や海外からの評価については、国家安全保障局長や内閣情報官、外務次官が、対外秘のものも含め総理に定例的に報告する。私からの報告は時々の状況に応じた不定期なものだったが、異なるアングルからのものなので続けた。したがって、土日も含め、私のかなりの時間は英字紙を含め、内外メディアの報道を「読む」ことに充てられた。私自身、とてもためになった。よく「公開情報に報じられていないことは少ない」と言われるが、かなりの程度、それに賛同したい。

第2次安倍政権では補佐官と内閣広報官を併任したので、広報官でしかなかった第1

次安倍政権時に比べて、首脳会談を含め、総理日程への同席回数が格段に増えた。これは広報官としての職務を果たす上で役に立った。首脳との会談に同席していると、広報官が同席している国が多く、日本も内閣広報官は首脳会談に原則として同席させた方がよいと思う。

「官邸官僚」「経産省内閣」への違和感

報道や雑誌で、私たちはしばしば「官邸官僚」と呼ばれた。呼ばれる側は当時、総理大臣補佐官、総理大臣秘書官、内閣情報官などの立場だったが、先に述べた通り、これらはいずれも国家公務員法や人事院規則の適用のない「特別職国家公務員」である。つまり、出身省庁とは関係が切れ、上司である総理大臣、官房長官などの官邸幹部に直接に仕える立場である。

「官邸に来て特別職公務員になる前は、長い間、一般職公務員だったじゃないか、だから官僚であり、今や各省庁を離れて本籍は官邸にあるのだから、官邸官僚だ」と言うのであれば、「どうぞ、ご自由に」と言うしかない。しかし、特別職公務員の規律については法令規定がある。内閣法がそれであり、同法が特に列記する限られた数の国家公務員法の条文を準用するだけだ。それでも一般職公務員とはかなり異なる。

あるいは官邸に長い間勤続して、総理や官房長官に自分の好みを刷り込んでいたとでも言うのだろうか。しかし、内閣法上、総理大臣補佐官は、総理の行う企画と立案について総理を補佐することが職務とされ、総理や官房長官が頻繁に行う「発信に関すること」が職務である。だから、総理や官房長官とは緊密に接触する。一方で、官邸としての決断は、関係大臣、国会やメディア、さらには諸外国の政府など様々な方面の反応を視野に入れながら、総理や官房長官が行う。秘書官も含めて、官邸の補佐陣の意見で決まるような仕組みにはなっていない。

私は、官邸官僚と呼ばれるのもさることながら、「経産省内閣」という呼び方にはもっと違和感があった。以下、私の違和感の根拠を述べる。まず特定の省、まして自分がほぼ30年勤務して友人の多い経産省の肩を持っている、と他の省庁から見られた瞬間、官邸での仕事はできなくなる。

「経産省内閣」という呼び方の由来は、通常は時の総理に大きな影響力を持つ財務省より、安倍内閣の政策形成に経産省の色が濃く出ていたということかもしれない。

だが、これまで消費税率を上げた総理は、竹下登総理と橋本龍太郎総理と安倍総理の

3総理。その中で2度引き上げた総理は、安倍総理だけなのだ。これは12年6月の、野田佳彦民主党代表、谷垣禎一自民党総裁、山口那津男公明党代表による、いわゆる三党合意に基づくが、増税を決めることと、具体化する法案を国会で可決してもらい、実施に移すことでは難度が違う。国会審議では、増税対象の詳細まで決め、かつ増税による副作用への対策も合わせて示し、総選挙も辞さない覚悟で国民に広い支持を訴える。国会で議決を得るまでには、多くの労力と強い意志が必要なのだ。

この引き上げにより増えた税収で、基礎年金の国の支出分の恒久財源を作り、若者に返済不要の奨学金を導入し、社会保障を高齢者だけのものでないようにした。確かにプライマリー・バランスの回復は当初目標の2020年度にはできなかったが、国債の発行額は、毎年減らしていった。これは長年、財務省がその時々の総理に実現してほしい最重要課題だったはずだ。安倍内閣の副総理は麻生財務大臣で、両人は「盟友」と呼ばれるほど政治と政策で緊密に連携をとった。

一方、経産省は安倍内閣の政策をしっかりと生かしたか。法人税率をこれまでになく引き下げて日本企業の国際競争でのハンデをなくし、法人税収も増えたが、減税以降、マクロで見ると企業による国内投資は目立って増えず、内部留保が大きく増えた。

それらは現預金で積まれているわけではなく、成長する海外で投資されている、という議論はあるだろう。しかし当時、なぜ多くの企業が、減税の成果を温暖化防止やデジタル、人材への投資に大胆に振り向けられなかったのだろうか。減税されて以来、企業がエンジンになって、互いにベストプラクティス（最善の実践方法）を披露して競い合っていれば、日本経済はもっと成長できていたのではないか。

これは、基本的には企業経営に委ねるべき問題ではある。ただ、官庁の所管でいえば経産省マターであり、経産省は法人税減税を主張した。こうしたことが、一部に目覚ましい発展を遂げている企業はあるものの、全体としては日本の成長率を停滞させている背景だと私は見ている。この点は本書の論点の外なので、これ以上は触れない。

私は2010年に退職勧奨を受けて経産省を退官した時に、省から紹介された職場には行かなかった。わざわざ席を用意してくれた企業には申しわけないが、私から用意してほしいと頼んだわけではない。私は「幹部職員を経験させてもらった以上、再就職先探しでは自助すべきだ」というポリシーで自ら就活し、次の職場に採用してもらった。実際、第1次安倍政権では、退職後の国家公務員への再就職先斡旋をやめる、という方針だった。内閣広報官として官邸勤務をしていた私は「退任後の再就職先は自ら探さなければならない」と思うようになっていた（天下りについては後で述べる）。この意味では、私は経産省とはつながっていない。新卒で入った組織に退職後の職場を紹介してもらう方は民間でも多い。経産省を辞めた後でも経産省の一員と見るのは、自分の尺度に当てはめている見方ではないかと私は思う。

サミット、即位の礼での見事なロジ

対外政策では、外交と安全保障が柱になるが、外務省には、外務大臣による外交とともに、首脳外交を支える仕組みと組織、職員のマインドが、長年、定着している。2016年の伊勢志摩G7サミット、19年の大阪G20サミットは実際、見事なものだった。政府以外の人には目立って見えないかもしれないが、「ロジ」と呼ばれる行事の日程の組み立て、各国首脳を支える同行スタッフ、そして日本を世界に発信してくれるメディアの作業環境整備や接遇など、文句のつけようがないほどだった。

「ロジ」を単純作業のように軽く見なすのはとんでもない間違いである。ロジは立派な戦略事項であり、単に会議の日時を決めるのではなく、相手に応じた日時の頃合い、またその際、日本と相手国での報道に都合のよい時間帯を頭に入れながら固めていかなければならない。

また、複数の首脳会談を行う場合は、誰から始めるのか、この相手との会議は誰の前あるいは誰の後にセットするのがよいかという順序、同席者の数（多くても少なくてもよくない）、交通手段の確保と警察との調整、荒天などで予定がずれた場合の予備プラン――等々がある。この上に立って、総理や閣僚が行動し、政策を遂行する。外務省には、ロジの面での責任意識が詰め込まれている。そして、警備当局との緊密な調整だ。G7サミットの時には滝崎成樹準備事務局長、G20サミットでは山野内勘二経済局長と小沢誠同局政策課課長補佐などが重要な役割を果たしていた。

しかも19年は令和の始まりの年で、即位の礼正殿の儀には、かつてないほど多くの外国首脳が日本に来訪した。警備、交通管理、賓客の動静、いつどこでどの行事に出て、日本滞在中にはどこでどんな行事に出るのか、そのためのスムーズな移動など、どれもが国家行事を運営し、一大イベントを成功させるために必須の作業だった。

国家安全保障となると、総理官邸を筆頭に、防衛省、外務省、警察庁、海上保安庁などが中核になる。国民生活を守り、政府と自治体をしっかり機能させ続ける上で、前提となる国内の安全、安寧の確保では警察が主役であることは言うまでもない。

数十年に一度、国民の全員に関わる御代替わりを、安倍内閣が厳粛かつ整斉として遂行できたのは、杉田副長官の指揮の下に、官邸、内閣官房、内閣府、これらの組織に多くの人材を出した総務省の貢献が大きい。総務省は、復興関係や沖縄関係でも内閣府の要職に人材を出している。また、内政全般にわたり、副長官を支えた古谷一之副長官補の見識、仕事ぶりと人柄に、関係省庁の幹部は意気に感じて対応していた。

「チーム安倍」の面々

安倍政権では、経産省だけでなく、すべての省庁が所管大臣の指揮監督の下で一体となって、数々の危機に直面した日本の建て直しに取り組んでいた。そこには、国公法98条の趣旨である「法令に従い、かつ、政府の最高上司である総理大臣の職務上の命令に忠実に従う」という面もあるだろう。しかしそれ以上に、「国家、国民のために、この国をよくしたい」という想いが通底していたと私は思う。

本章の最後に、安倍総理を近くで補佐した「チーム安倍」の面々について触れておきたい。最も総理の身近で時間とエネルギーを献身的に傾けたのは、政務担当で総理日程を取り仕切った今井尚哉総理秘書官（後に総理補佐官に昇任）。加えて、出身省から推薦を得て任命された総理秘書官が5人（一時期は6人）いた。途中で交代した方もいるので、秘書官経験者は合計で12人。女性の総理秘書官は安倍内閣で初めて誕生し、2名の方が務めた。秘書官たちは、総理室に直ちに入れるように隣の部屋で勤務した。総理補佐官だった私もその一角で勤務でき、特段の日程がない日は、総理は私や総理秘書官たちと昼食を一緒にされた。そこでは、昼のニュースを見ながら、種々の報告を受けたり、雑談をしたりするのが通例だった。

総理秘書官のうち、中江元哉氏と鈴木浩氏は、安倍総理が官房長官当時に秘書官だった。ちなみに、今井氏とこれら12名の秘書官と私の計14名の卒業高校は、7名が東京都以外の公立高校、2名が国立の中高一貫高校、5名が私立の中高一貫高校だった。別途、総理を直接補佐した北村滋国家安全保障局長は都内の私立中高一貫高校の、谷口智彦内閣官房参与は岡山県の公立高校の卒業であり、全体を見ると、東京以外の公立高校の卒業生とそれ以外とが半々となっていた。

2020年、新型の疫病ウイルスの蔓延に不意を突かれ、治療薬やワクチン不足、自治体との役割分担の在り方など対応が十分にとれないまま、総理周辺のチームワークも緩み、総理の活動について事前連絡や摺《す》り合わせが不足するケースも出てきた。そうした中、安倍内閣は幕を下ろすことになった。「あれは不十分だった」「これは違うやり方があったのでは」といった思いもある。

この年9月16日をもって、「チーム安倍」は解散となった。

第六章　官僚を目指す人たちへ

行政官経験を次代に伝える

私は、2021年夏学期から東京大学公共政策大学院で客員教授として授業をしている。テーマは「内閣総理大臣官邸における政策形成と実施・広報の過程」。第1次・第2次の安倍政権を通じて、9年弱の官邸での勤務経験で得た教訓を次の世代に引き継ぎたいとの思いによる。それ以前の経済産業省、東京都庁を含めた計40年の行政官生活では、上手く行ったこともあれば、反省すべき教訓もある。授業には、外国からの多くの留学生が熱心に参加してくれていて光栄だが、本音をいえばもっと多くの日本人学生が参加してくれるとうれしい。

実は、2010年に経産省を退官した後も、明治大学と近畿大学で客員教授として授業をした。加えて11年から2年弱、同じ東大公共政策大学院で教授として、「中小企業政策論（日本語）」と「対外交渉の事例研究（英語）」の2コマの授業をしていた。留学生たちのインターンシップの受け入れ先を探したり、日本国内での就職を手伝ったりもした。

若者と交流を持つと、教えられることが多い。それに、心の若さを保つことができる。そう言えば、私は、中高生の頃、石津謙介さんが創ったファッションブランドVANがカッコよくて憧れたものだった。そのキャッチフレーズは「for the young at heart（心が若々しい人のために）」だったが、あれは「若者向けだけではなく」ということだったのか、と今にして思う。

公共政策大学院は、行政官の養成も目的に含めており、現に私の授業に出た学生には国家公務員を志望する者もいた。私の授業や体験談が彼らの人生設計に役立ってくれれば何よりである。実際、当時の学生たちはいくつかの省庁に入っていて、一度、総理官邸内に招いてランチをしたことがあった。また、外務省に入省し、私が総理一行として英国やポルトガルを訪問した時にサポートしてくれた若手外交官もいる。皆、すっかり一人前以上の行政官になって、活躍していた。

官僚志望者が減り続けるわけ

最近、キャリア官僚試験の受験者が目立って減っていることに関心が高まっている。長くキャリア官僚をしていた私としても、大いに気になっていることだ。その国のエリートは、民にも官にも、学にもメディアにも、もちろん議会にもバランスよく存在しなくてはいけないし、また育たないといけない。そのためには、まずは十分な数の新人がいないと、トップのレベルは上がらない。「新人」とは新卒だけを指すのではなく、中途から門をたたく人も含めてのことだ。裾野が広い山は高い山であり、高い山に裾野の狭い山はない。高い山の頂きに達すると、遠くまでが見える。

私は現在、外資系企業でアドバイザーもしているが、そこで、学生時代に霞が関勤務を志望先に含めていた若者とも巡り合う。そういう時、彼らとは「結局、なぜ公務員にならなかったか?」という話になる。その一人が言うには、次のようなことだった。

「学生時代はキャリア官僚に関心を持っていて、官房副長官を経験した教授のゼミに入り、国会議員の事務所でインターンもしました。でも、仲間うちで共通する最大の障害は、公務員の仕事の様子でしたね。狭い職場、国会に呼ばれて詰問される様子がＳＮＳで送られてくる。それを見ると、あんな目に遭ってまで公務員になろうとは思わなくなります。給与は民間に比べて相当安い。将来、高くなるかもしれないけど、やはり職場の様子でダメですね」とのことだった。もちろん、この他にも理由はあろう。

「叱られ上手」と「口の堅さ」

若い人には通じにくいと思うが、公務員、特にキャリア官僚の大事な資質に「叱られ上手」がある。官僚が経験したことのない、選挙という勝負を勝ち抜いてくる政治家や首長は、「選挙という辛い思いもしていないキャリア官僚が、何を偉そうに」と思うことだってあるだろう。特に官僚の幹部から「先生のおっしゃることは、斯々然々《かくかくしかじか》の理由でできません」などと理屈で言われた時はなおさらだろう。

官僚の側は、法令に違反できず、上司である大臣や副大臣の考えに沿わなかったり、同種の案件ですでに別の議員にNOを出していたりしたら、今度はYESとは言えない。法令違反の場合はその旨をハッキリと言うが（法律は国会が作ったものであり、国家公務員法に法令遵守義務がある）、それ以外の場合は、「誰が」「なぜ」をくどくど言わないことだ。これらのことを言わないと叱られることもあるが、叱られ方が上手いと先方もそれで止める。

政治家同士の論争に巻き込まれた時も、官僚が間に立って両方から叱られることに躊躇しないことだ。選挙で勝ち抜いてきた政治家は一国一城の主。政治的な「生き死に」を左右する選挙の結果に責任を負うのもまた、自分自身だ。

自民党の部会など、いわゆる「平場」では、議員同士で意見が相容れないことがある。多様な意見が出ること自体は健全だが、問題は議論の態様だ。議員同士は直接には議論し合わず、省庁側が、自分と異なる他の議員の意見について「ご指摘を踏まえて対応します」と言うと、その議員が官僚に向かって「それは違う」と自分の意見を述べる。

こうなったら、むやみに反論したり、自分の上司である副大臣や大臣政務官にボールを回したりしないことだ。平場が終了してから双方の議員を訪ねて、それぞれに意見を伺い、省庁に戻ってから代替案を練る。そして再び説得に行く。面倒に見えるが、このほうが先方も矛を収め易く、そうすることで政党の意見集約が進む。官僚は叱られたのではなくプロセスを経ることで「結果」を出した、と考えるべきだ。官僚には派手な活躍シーンは不要であり、「結果」づくりにこだわらなくてはならない。

「叱られ上手」は、叱られるだけで終わってはならない。叱った相手から本音を聞き出し、関連する法令と確立した運用について説き、妥協案を呑んでもらうことで「結果」

をゲットしないといけない。これが官僚の技だ。さもないと叱られ損にもなる。かく言う私も「叱られ上手」を目指して努力した。だが、ある雑誌で安倍総理が「イエスマンでない長谷川補佐官」とおっしゃっていたのを見て、自分の至らなさを感じた。

もう一つ、大事なことは口が堅いことだ。時々「長谷川さんはおしゃべりだから、広報官は適任」とからかう方もいるが、内閣広報官はおしゃべりならいいというものでもない。法律に定められた守秘義務がある。相手かまわずしゃべると、「あの人に言うと、他に漏れる」と思われて、以後入って来る情報量が減り、仕事にならない。これは民間でも同じだろう。そして口が堅いと、自分が蓄積する情報量が増える。増えた情報を、TPOを間違えずに活用するとその人のパワーに換えられる。

話を叱られ上手に戻すと、叱られたことが、他人を味方につける力になることもある。「勝因は、地元の有権者から『かわいそうだ』と思われたこと」――。これは、2009年の総選挙で当選を果たしたある議員の言葉だ。その議員は某省の幹部だった秀才で、国際的にも通じるエリート。経産省時代にお世話になったこともあってお祝いを伝えた時に「勝因は？」と尋ねた時の答えである。そして続けた。

「選挙戦は自動車ではなく、自転車で始めた。最初は反応が鈍かったが、そのうち子供たちが『おじさん一人じゃ、かわいそう』と言って、自転車でついて来始めて、これで自分は行けるかもしれない、と思った。子供たちが『かわいそう』と感じるなら、自分は本当にかわいそうに見えたということだから」と。

かわいそうだと思われることが選挙で有効な手法の一つであることは、政治家の方々はよくご存じだが、官僚も知っておいていいことだ。野党合同ヒアリングでは、国会議員が説明に来た官僚をやりこめる様子が放映される。議員が複数で官僚をやりこめる様子を広めること自体、いかがなものかと思うが、官僚の方が、もっと叱られて、可哀そうに映る工夫をしてもよい。あのような場でやりこめられても、1点の減点にもならないのだから。逆に、この場に出ていた立憲民主党の篠原孝衆議院議員は、そこで採り上げた事柄に関連して、国家戦略特区ワーキンググループ（WG）座長代理の原英史氏から名誉棄損で訴えられ、2021年3月に、原氏に損害賠償をすべしとの一審判決が出された。篠原氏はこれを不服として控訴したが、2022年1月、高裁判決で篠原氏から原氏への損害賠償義務が確定した。

増える一方の行政執行量

政治主導というフレーズは定着しているが、特に行政の現場でそれが何を意味するのか。まさか、大臣、副大臣、大臣政務官の政務三役から個別に指示がない限り、行政官は何もしてはいけない、ということだとも思えない。かつての民主党政権では一時、そんなムードが漂ったが。

このフレーズが現れるずっと前から、行政は、立法とそれに基づく命令や要領に従って実施される仕組みになっていて、国家公務員法は制定時から公務員に法令遵守を義務付けている。ただ、不祥事などによって行政官への信頼が崩れたことから、国家公務員倫理法も制定された。中央省庁の抜本改革のベースとなった、1997年12月の行政改革会議報告はこう指摘していた。「従来、わが国の行政においては、法律の制定や予算の獲得等に重点が置かれ、その効果やその後の社会経済情勢の変化に基づき政策を積極的に見直すといった評価機能は軽視されがちであった」

一方で、毎年度、補正予算も含めて政府の予算額は増加を続け、その執行量が増す。つまり、国会での予算議決の趣旨に従った政策目標や方針を、政務三役の決裁を得て決め、それを実施する仕事量は増加の一途だ。加えて、国民からの申請の許認可など予算を使わない法令の執行、白書の作成、ホームページ更新などの情報提供、さらに、将来を見据えたビジョンや戦略の検討と関係者の意見収集、調整もある。

21世紀に入って初めの頃は、「小さな政府」を前面に、「民にできることは民に」というフレーズが響いていたことは、皆さんの記憶にもあるだろう。しかし近年は、少子高齢化の進展、リーマンショック、東日本大震災、さらにコロナ禍が私たちを覆い、このフレーズはまったくといってよいほど聞こえなくなった。よく見ると本当は、民に任せるべき国や自治体の仕事はもっとあるかもしれないのだが。

「政治主導」と3つの「望」

政治家は政治活動を通して国民と接する。極めつけは選挙だが、一方で、政策実施の現場で国民に接するのは公務員だ。「現場重視で」「国民に役立つ政策を」ということには異論はあるまい。問題は各論だ。

政策を実施し、個別の事情を、組織力を生かして広くそして深く洞察する。政策が行き届いているか、ニーズに合っているか。他方で、これは予算を使って行政がやる必要があるのか、かえって当事者の自活力を弱めないか――様々な観察をしながらの政策実施は、次の政策立案にも役立つ。これこそ、行政官の腕の見せ所だ。

そして、ポイントとなる判断は政務三役に仰ぐ。政治家は、行政官よりも遥かに多くの数の人々や現場を、政治という別の観点から見て蓄積している。その際、行政官のほうは法令遵守という準拠の枠組みに則って報告をする。それらが相まって、「政治主導」の判断がされていく。

現場には人の欲望もあれば、絶望も存在する。絶望があればそこから救い出し、希望の種を拾い上げて、芽を育てていかなければならない。欲望を前面に出して、適性がないのに行政による助成、融資斡旋、口利きを求めてくる動きもある。事業欲と事業計画とは別ものだ。人間に夢は大事だが、夢をそのままで事業計画にはできない。

むろん、リーマンショックのような危急時には、普段とは違う考慮が必要だ。当時、私は中小企業庁長官だったが、窮地にある場合は職員を督励して実情を伺い、極力、行政の文脈に合うような説明に翻訳して、スピーディに支援機関や金融機関につなぐことを心掛けた。資金ショートは倒産につながる。今度のコロナ禍も危急時であり、普段にとらわれない発想、スピーディな行政処理が優先される。その中では、売上げ減を繕う補助金不正受給の事例も出たが、再発防止のためにも断固対処して欲しい。

私は、行政とは「希望」「欲望」「絶望」という3つの「望」の取り扱いだと考えている。希望には「芽を探して育てる」、欲望には「水をかけて現実を意識させる」、絶望には「まずは話を伺い、励ます。そして次の一歩をともに」が重要だ。

山や高層建築と似ている。先にふれたことだが、裾野の広い山は高く、頂きから遠くが見渡せる。地中深く杭を打った建物は安定し、少々の地震ではびくともしない。山と建物の高層部が政治であり、裾野と杭が行政なのだ。だから、すぐれた行政官がいなければ、政治家が的確な指導性を発揮しようにも、国家の運営はできない。行政官、その幹部候補生であるキャリア官僚は、国のために必須の存在なのだ。

忘れられない「仕分け」の光景

行政官も人間であり、家族もいる。誇りがなければ、前例のない仕事、他に臨む人のいない厄介な仕事に無理してまでチャレンジしないのは、他の職業人と同じだろう。

上野歩氏の小説『労働Gメンが来る!』(光文社文庫)は、厚生労働省の地域の現場組織である労働基準監督署から、ものづくりの事業所や街の定食屋などの法令が適用される現場、いわば現場中の現場で法令を執行する労働基準監督官の苦悩、問題解決に至る粘り強さを支える国家公務員の職責と誇りを人間味豊かに描いている。

民主党政権時代の「仕分け」は忘れたくても、忘れられない。詳しくは立ち入らないが、私の経験に限って言えば、当時、私は中小企業庁長官として2度、仕分けに出席を求められた。仕分け人には国会議員と地方議員、大学教授、弁護士、公認会計士といった「先生」と呼ばれる方々が並んで質問攻めにされた。またある時は会議の後、「あなたは今朝○○にいた、昼は××に出かけた」など私の動静を逐一挙げながら質問してくる人物も現れた。取材のようでもあったが、普段、取材に来る記者でもなく、名刺も出さない。服装も黒っぽいTシャツに黒いジーンズ。悪者扱いと言うのか、ストーカーにまとわりつかれたみたいだと感じたこともあった。

「2番じゃダメなんですか？」とは、厳しい競争をしたことのない人のセリフなのではないか。大学受験でも大学入学後でも、激しく厳しい競争を経験したことがあればわかることだが、まずはトップになろうと頑張る、しかし結果は2番どころか10番、ライバルの数が多ければ100番程度ということもある。夏の甲子園に出場できる高校は各県1つだ。最初から2番を目指したら、100番どころか500番になってしまうのだ。

しかも、今や競争では世界が相手になっている。留学生を見ていると、彼らはガッツがあるし、英語も上手い。「Winner takes all」（勝者総取り）という表現が現れて久しい。

必ずしもそれがいいとは思わないが、増えているのが現実だ。「日本人よ、トップを目指せ」。ただ、その結果が50番で終わっても「よく頑張った。頑張ったからこそスタートラインよりは前に進んだ」と褒めて、次のチャンスに挑ませることが大事だ。

政治主導を取り巻く法律の枠組み

政策の運営は政治主導ではあるが、政務三役が自由裁量で決定できるわけではない。行政不服審査と行政訴訟があるし、会計検査院による検査もある。もちろん、最大、最強の行政監視役は国会だ。

それに加えて、中央省庁等改革基本法により、先に述べた情報公開制度が整備された。対象となる「行政文書が何か」については、情報公開法に加えて、2009年に「公文書等の管理に関する法律」ができたことで、情報公開制度の実が増えた。また、政策評価制度も立ち上がった。01年に「行政機関が行う政策の評価に関する法律」が成立し、02年4月から施行されている。これらは誰もが従わねばならない法律だ。

情報公開法と公文書管理法で、行政機関の政策立案や決定、個別の行政処分や支援行為の決定の過程の透明さが向上した。過程を事後なるべく明らかにするだけではなく、行政側が政策や意思を決める上で、将来その過程が開示されても、その妥当性を説明できるものとして決定していくという事前段階での作用ももつ。

政策評価では、各省庁が、法律で与えられた権限の行使や認められた予算の執行で所期の効果を上げているか否かを、一義的には自らが行う。そのために、各省は既に「政策評価審議官」という名の付いた局長級のポストまで置いている。必要があれば、総務省行政評価局が重ねて評価し、その基準と結果を公表する。会計検査院による検査は、その外側（「上に」と言うべきだろうが）にあり、各省からは独立して実施されている。

つまり、政府の中に、各省庁が「政務三役からの指示でそうしました」だけでは通らない仕組みが、法律によって幾重にも組み込まれているのだ。

政府が国会から与えられた権限や人員・予算といった行政資源を活用して十分な効果を上げているか、行政官には、常にこれらを意識した仕事ぶりが求められている。各省庁の最高幹部である政務三役にこそ、自らが決定者であるとともに評価の責任者でもあるという意識を大事にして頂きたいと思う。

ちなみに私の授業では、行政官として仕事を始めたその日から、自分の行動規範になる可能性が高い情報公開法、政策評価法を採り上げている。

天下りはなぜダメなのか

行政の生産性を上げることが重要だ。ここで採り上げたいことは、処理の時間やコストという分母を減らす議論ではない。こちらには、デジタリゼーションやフレックスタイムなど所管の部署が取り組んでいる。行政行為、行政作用の浸透効果を強める分子の部分を充実できないかという観点から「天下り」問題を述べたい。

省庁による退職公務員への再就職斡旋は違法とされ、今や無いことになってはいる。しかし、退職公務員とかつて同じ省庁にいて、すでに退職している先輩たちが、その退職公務員に再就職先を紹介したりする——つまり、裏で退職公務員が所属していた省庁のネットワークを使うようなことがあるのなら、直ちに止めるべきだ。2017年、文部科学省の事例が国会で大きな問題になった。

行政が目的を達成するために、いきなり法令上の権限を行使することは、実際上はほとんどない。前掲の『労働Gメンが来る!』も一つの例だ。まずは「あなたの職場では残業時間が法律の限度を超えている疑いがありますよ」と情報提供をする。それで是正されないと、「このままだと法律違反になり、処分にもなりかねません。改善しませんか」という説諭や警告を行う。それでも改善しないと文書を渡しての行政指導に進む。それでもダメな場合は、法律違反扱いを発動せざるを得ない。

行政官にとって大事なのは、民間の人々に法令を守ってもらうことであって、違反を見つけて罰則を科すことを目的としている者は、普通はいない。

どうしても守られない場合、あまりに深刻な違反の場合には「やむを得ず、法律に基づく取り締まり」をいきなり発動せざるを得ないが、基本的には早い段階でのソフトな説諭や指導により、民間のほうで自主的に是正してもらうことが望ましい。それは、その民間の人々が行政から強制されて、ではなく、説諭や指導を受け入れて自らの意志で納得して違反を止めることになるので、より遵守効果も高いからだ。

その場合、民間の人々は、どのような行政官から言われると受け入れやすいだろうか。私たちが他の人から説諭されたとして考えてみると、どんな人からだと自発的に受け入れるか——年上の人？　怖そうな人？　仲のいい人？　立派だと思う人？——答えは複数あるだろう。ただ、力ずくで来られた場合なら時が過ぎれば気持ちは変わるだろうし、目上の人なら、言われた通りの範囲でするだけだろう。

だとすると仲のいい人か、自分から立派だと見える人、になるだろう。それでも、自分に甘く、好きなことに目のない人だったりすると、「あの人だって、好きにやってるじゃないか」といった気持ちが消えないだろう。

国民に対しては「会食は4人以内で」と言いながら、他の政治家に呼ばれると8人の会合に行って食事をする、というのでは説得力がない。同様に、行政官が省庁の影響力を借りて再就職をしている限り、その省庁と行政官への敬意、ひいては影響力が削がれ、説諭も指導も効果を上げにくいのではないか。だからこそ省庁は「天下り」を止め、自らに説得力をつけて行政の生産性を上げるべきだと思うのだ。

中堅・中小企業に人材斡旋を

法的根拠を強めて行政に強い権能を与えたくない、そう考える国民が多いことは、新型コロナ対策拡充のための、新型インフルエンザ等対策特別措置法の改正論議からもしばしば窺われた。今後も、行政にはソフトなやり方が求められる。だとしたら、行政官の持つ説得力が大事になる。

キャリア官僚というのは、中央省庁の幹部候補生だ。能力を磨いて実績を挙げ、実際に次官、長官、局長になった人なら民間でも通用するはずの力の持ち主なのだから、再就職先は自分で探すべきだ。ハンディなしでの歩み方こそ、民間に対する説得力を増す所以だと思う。筆者の経験からしても、実際、中央官庁のトップを経験した人材を求める民間は多い。自分の所属した省庁のネットワークを頼るやり方では、新しい世界で活躍する機会を自ら断つことにもなる。報酬についても、やってみると高くなるケースの方が多いのではないかと思う。

一方で検討に値するのは、国家公務員の退職者に、中堅企業や中小企業で活躍してもらうことだ。今や世界に翼を広げる中堅・中小企業は数えきれないほど増えている。こうした企業では、日本の政治・行政や外国を経験した人材を集めにくい。だから、再就職先を中堅・中小企業に絞った上で、退官はしたが、まだまだ活躍の気力と意欲のある人材を、中堅・中小企業と結びつけるネットワーク機能を強化し、「お節介」だと言われるぐらいにしてもよいのではないかと私は思う。

キャリア官僚は激務だが成長できる

率直に言って、中央官庁の勤務は過酷だ。ランクが上がるにつれ所管範囲が広がり、自分に届いてくる指示、宿題、関係者や情報の数が累増する。多くの霞が関官僚は土日を丸々休めておらず、在宅の時であっても、書類を読んだりメールの処理をしたり、電話もしたり、翌週のプランを整理したりしているのが普通だ。

このようにして殺到する課題を一つひとつ乗り越え、結果を出していく。むろん、中には急いで結果を出さないほうがよい課題もあり、その見極めはリスクを伴う。そうした実績を見込まれて、もう一段上のポストへと進むと、そこでの任務はさらに重い。このプロセスの中で、ストレス耐性も強まっていく。そして、上手く通過した者が上司からも部下からも信頼を得て、高位の要職に任命されていく。

昇進する人は秀才かというと、そうとは限らない。私は東大法学部の卒業だが、大学の成績だけで見ると、キャリア公務員になった中にはトップクラスの人もいるが、数から言えば必ずしも多くはない。私自身も「そうではない層」に含まれていた。むしろ成績で超トップの人は、学者として大学に残ったり、法曹の道を選んだりした人が多かった。

それでもキャリア公務員になると、若いうちから課長代理（課のナンバー2）として責任を担わされる。国会議員、メディア、民間の経済団体や個別の企業など、省の外の方との対応、さらには外国との交渉などに課長の代理としてあたる。しかも、数年ごとにポスト異動があり、広範な経験をどんどん積まされる。当然、知り合いも増える。

こうした霞が関での勤務の間を縫って留学や在外勤務、地方勤務で東京を離れる機会にも恵まれる。自分の可能性が広がり、人脈が増え、成長していく。常に背伸びをし続け、流れに付いていけるよう努力することになる。

だから、卒業時の成績のことなど気にもならず、他人からも気にされず、自然と自分が磨かれていく。職場では24時間近い距離で仕事をするので、仲間の人間性が見え、やがて出身校など気にならなくなる。実際、「東大法学部卒」だと言ってみても、仕事に耐えられなければ「それがどうした？」という世界だ。

受験偏重の勉強を見直す

考えてみると、私たちの時代の教育では、与えられた問題をいかにミスなく解くかのテストが多かった。問題用紙には既に問題が記載されていて、与えられた問題をミスなく解くことで高い点数を取り、公開模擬試験などの他流試合をしながら自分のポジションを偏差値で掴む。近頃でも、このやり方はそう変わっていない。

しかし、社会人として経験するのは、難しい状況では「何がわからないのか」がわからない、ということだ。質問なり問題が具体的に与えられた時には、「問題解決は半分進んでいる」ことの方が多い。その時には目指すことがはっきりしているのだから。

今、子供たちは、大都会を中心に受験名門校にターゲットを定めて、中学校、高校、大学と進むために、小学校3、4年生ぐらいから塾通いを始める。子供たちの多くが近視になり、ストレスに悩まされる。しかし、それだけの猛勉強をした結果、大人になって頭の中に資産としてどのくらいが残り、かつ役立つかは疑問だ。

「勉強量を減らしてもいい」とか、「ゆとりがいい」とかということではない。体力が上がるペースにしたがって勉強すればいいのだ。つまり、中学、高校、大学と勉強量を上げていく。「大学受験で高校時代は猛勉を強いられたのだから、大学に入ったら好きなことをしていい」という考えが広まっている。しかし、大学では好きなことも、猛勉も、ともにして頂きたい。体力がある時は無理がきくし、ストレスへの耐性も高いはずだ。

かつて、ある出版社の方が「今や厚い本は売れない。学生は大学に入ると一休み。しばらくすると就活が始まり、無事、希望する会社に入りたい。入ると会社人間になって、その会社で気に入られるためにどうしたらいいか、にしか目がいかない。日本ははたして教育国家なのか、と私は疑っているんです」と語っていたことが忘れられない。

世界的な大企業が旧来の社内のやり方を変えられない例も、こうした日本の教育と無縁ではなかろう。データを見ると、大卒の場合、最初の就職先を3年以内に辞めている人が3割程度いる。今の職場では私の周囲にも転職経験者が多いが、転職が本人の才能を伸ばす仕事につながることを祈りたい。

大学受験を控えた高校時代は、文系と理系に分かれ、多くの文系志望者の受験科目から数学や理科が抜ける。しかし、提起された問題に、仮説を置いて、既定の要素と変動する要素を見分けながら、シミュレーションするやり方は数学で学ぶ。あるいは、ある事例への答案が、他の事例、さらに別の事例にも当てはまるかという分析は、数値ではなく文字を式に入れて解くという発想だ。行政では、類似の状況であるのに申請者によって違った答えをするのでは、公平さが保てない。

偏差値自体、統計学と数学の産物だ。コロナ禍などの疫病から自分を守る、さらに気候変動問題に対応するのなら、生物、化学、物理、地学といった理科系の知識が不可欠だ。第四章で紹介したウォール・ストリート・ジャーナルのベーカー氏の評論（146～147頁）に戻ると、読む側に理科系の知識が備わっていないと、何がファクトで、何が科学的に根拠ある観察であり、また仮説かを見分けることができない。報じられていることをそのまま神聖視し、何が起こったのかを見ず、「何を信じなければならないか」を知らされるだけになりかねない。だから、大学入学後に受験のための学習で手薄だった分野の知識を取り戻すべく、勉学に励んでほしいのだ。

大学生がアルバイトで時間を使い過ぎなくて済むように、安倍政権では、消費税率の10％への引き上げによる歳入増の一部で、一定の収入以下の家計の学生に限ってではあるが、返済不要の奨学金を設けた。学生時代にアルバイトで収入増を目指すのではなく将来に輝ける人材として自分を磨くために、体力の充実している大学時代にこそ猛勉強をする。それは卒業後、よりよい仕事に就き、稼ぐ力を強めるためだ。

米国の大学での経験から、また日本の大学院でガッツある中国人留学生を見ると、日本は若者が自ら海外を経験する現代版武者修行を増やすべきだ。筆者が経産省勤務時代、若者をアジアに展開する日本の中小企業に派遣し、現地採用のアジアの若者と起居を共にしてもらったが、派遣前後で日本の若者たちが大きな変化を見せてくれた。海外留学でも、過半は留学先での滞在は1か月未満で、1年以上の滞在はわずか数％に過ぎないのが実状だ。

組織によって異なる「当たり前」

私は30歳で1年間の米国留学を、39歳から3年間の米国勤務を経験できた。帰国した後、44歳から2年間の東京都庁勤務を、54歳で3か月の短期ではあったが防衛庁勤務を経験した。米国という国は言うまでもなく、日本国内においても、同じ日本語という言語を使っていても、組織によって職場の常識は同じではないと感じた。

言い換えれば、それぞれの組織で何が「当たり前」なのか、どういう場合は説明を要せず「だって、そうでしょう?」だけで通じるか、が違うのだ。だから、自分の組織の常識が「当たり前」だと思って、それに従って出向先で行動すると、そこでは「なぜ、当たり前なのか」を問われ、自分の「当たり前」について説明を改めて求められる。そうする中で、自分の「当たり前」の至らない点、時代遅れになっている点に気づく。そして、それらを乗り越える工夫をすることで、出向先でも通用する、バージョンアップした「当たり前」ができていく。

だから、キャリア官僚も多くの常識を体験できるように人事交流（「異動」ではない）の回数を増やし、入省した省を基盤にするにしても、他の省庁、それも地方のブロック機関だけでなく施策実施の現場組織、地方自治体などを経験させることを人事のルールとして厳格化させるべきだと思う。

私が都庁に出向した時、当時の堤富男次官は「中小企業行政の足腰を勉強するチャンスだよ」と励ましてくれた。実際に都に出向してみると、さらに区があり、市町村もあり、新宿以外の場所で奥深く経験を積むことができた。この時の経験と人脈は、中小企業庁長官在任時だけでなく、官邸勤務時にも多くのヒントをもたらしてくれた。

官民交流をさらに進める

さらに必要なのは、民間との交流だ。今でも交流制度はあるが、制約が多い。特に中央官庁の幹部ポストでの交流が少ない。私が経産省退官後、民間で仕事をした経験でも、官と民が相互の知見を生かして、もっともっと補完し合えると感じた。すでに交流のルールは出来ており、情報管理、倫理ルールなどコンプライアンスを具体化する段階だ。

ただ、民から官に来た方々は、このルールを自分の感覚レベルでマスターしなければならない。その感覚の違いの典型例は、予算執行の厳格さと、調整を要する関係者の多さである。血税を使った予算執行ゆえのことであり、「新たな発想で、伸び伸びと政策立案を！」といきたいところではあるが、当然、制約がある。会計検査上、国会対策上、どこからがレッドラインかを会得するのに、一定の期間、行政の中で感覚を養わなければならない。

もう一つの問題は給与格差だろう。民間の若いスタッフが官庁に来て与えられる格付けでは減給だ。高位ポストでの交流の場合には、減給幅はさらに大きいのではないか。中央官庁に新卒で入省した後、官を辞めて民間に転じる若者も多い。だから、民間での経験を重ねた後に、官に高位で戻ることを慫慂《しょうよう》してもよいのではないか。米国のポリティカル・アポインティー（政治任用）のように、民からいきなり官の次官級や局長級に着任する方式は、スタッフ職ならいいかもしれないが、ライン職の幹部については、私には疑問だ。課長・企画官クラスや、独立行政法人を含めた政策現場の経験を持って民に戻った人材なら、あり得るとは思う。実はこの論点は、20世紀末に中央省庁の抜本改革を検討した時期に、自民党の中でも「官と民との出入り自由方式」というネーミングでテーマとなっていた。

ここではこれ以上立ち入らないが、言いたいことは、以下の5点にまとめられる。

①世の中には、さまざまな価値観や常識が存在しており、役所の分担とは異なる区分に

なっている

②自分が入省した官庁の中での常識だけでは、政策を要望する人々とのコミュニケーションが噛み合わない

③他方で、自分が浸ってきた「常識」を、相手の「常識」に晒すことで、自分の常識の良い点と至らない点への理解が増す

④それを改良することで、自分の従来の常識の通用度を、一段、上げることができる。そうなると複数の官庁の連携マインドも増していく

⑤こうした過程を通じたマインド形成をした人材が幹部となっていくと、官庁への縦割り批判も減るのではないか

国家公務員の給与アップを

国民や政治からの問題提起を受けて、複数の省庁を統合した政策への必要性は日増しに高まっている。ここまで述べてきたように、世の中には多くのローカル常識体系があることを実感し、それらの異と同とを、いったんは分解して個別の因数にする。それらを、他に任せるものは他にお願いし、自分でプラスアルファを付け加えるものには相応

の措置をして、より高いレベルで統合させる。そうしたマインドをもった人材がいないと、省庁という器を一本にしてみても、縦割りはなくならないのではないか。

そして最後に付言したいのは、「国家公務員の給与を上げる」ということだ。

むろん、全員一律にではない。高位の職なら責任の重さ、中位の職なら部下の人数の多さに伴うマネジメント能力、あるいは処理する用務量の多さとスピード、さらに、専門性の高い知識を要する仕事を間違いなく精確に処理する能力など、職務の特性に着目した給与水準の引き上げはできないものか。コロナ対策で必死に働いている国家公務員にとって、同じように懸命に仕事をしている近くの自治体ではラスパイレス指数が100を超える実状を見ると、「なぜ？」と言いたくならないだろうか。

今や出退庁時間は電子管理されているのだから、サービス残業ゼロも徹底すべきだ。こき使われる若手は救われるし、残業管理の甘い管理職が誰かも一気に判明する。国会からの質問主意書の提出期限は原則を2週間以内に延ばしてはどうか。今は野党でも、10年近く前には与党であったし、また与党にも野党にも、官僚経験の議員が多いのだから、若手公務員の気持ちもわかるのではないか。それで残業が減れば、ワークライフバランスも改善する。

どんなオフィスで働くかも、生産性に直結する問題だ。中央官庁のオフィスをもっと広く、綺麗にしてほしい。実際、先日訪れた厚労省では、多数の職員が狭い空間に押し込められていた。コロナ禍で昼夜なく働き、今、最も過酷な厚労省の職員なのに、気の毒の一語に尽きる。オフィス問題は予算で解決できる。近々環境省が移転して、厚労省のオフィススペースが広がると聞いたが、これを機に厚労省の執務環境を刷新すべきだと私は思う。同省は労働安全衛生法も所管する。政務三役は、次官や新入生と同法の最高の専門家職員を連れて民間のオフィスをなるべく多く見学し、それを活かして厚労省を官庁の模範オフィスにしてほしいものだ。

本章で述べてきたことをふまえ、国家と国民にとっての公務の重要性、公務員の昇進やキャリアを多様化できる方途、処遇の改善、職場環境の刷新などを思い切って見直し、活躍している公務員には、男女を問わず、職場での仕事の様子も職場の外での活動も、国内ばかりでなく海外で頑張っている様子も含めて発信を広めてほしい。そして、キャリア官僚志望者の減少をストップさせてもらいたいと願う。

仕事の選択は人生を左右する。一度だけの有限の人生だから、人生を懸けるにふさわしい仕事を選んでほしい。そして、現役公務員の皆さんには、守りに入らず攻めの姿勢を維持して頂きたい。守りに徹して失点ゼロで済ませても、得点できなければ0対0の引き分けだ。失敗して最初の試合に負けても、次に勝てれば1勝1敗。サッカーの2試合で、2引き分けなら勝ち点は2。しかし、1勝1敗なら勝ち点は3だ。

1983年の西武ライオンズvs.読売ジャイアンツのプロ野球日本シリーズ。2勝3敗と読売巨人軍から王手をかけられた状況で、後楽園から西武球場に戻った西武は、江川、西本両投手を擁する巨人に6、7戦と連勝して日本一に輝いた。勝利インタビューで巨人に王手をかけられたことを問われた時、広岡達朗監督は「日本シリーズは3敗して良い戦いなんです」と答えた。私にとって忘れられない言葉だ。「3敗してもいい、4勝できれば」とは私の人生訓だ。逆に負けなし、連勝だけの人生では、多くの人に「面白味のない、一緒に飲みたくないやつ」と思われるだけではないだろうか。

終章　安倍総理との登山

安倍総理が第1次政権を退いた後のことだ。高尾山登山が再起に一役買《ひとやく》ったこと、それを私がサポートしたことが報じられた。登山は、日本のリーダーにふさわしい政治家として、心身ともに完全回復して蘇って頂きたいとの思いからだったが、この話には報じられたことの「前」と「後」があるので、最後に紹介したい。

発端は2006年秋、塩崎恭久官房長官からの、「安倍総理は名門政治家一家の出で、世間には銀のスプーンをくわえて生まれて来たようなイメージがある。総理の正しいイメージ作りは広報官の仕事だろう」という一言だった。

これを受けて、いくつかの「総理の活動案」を提案することにした。

第1案に置いたのは、公立の小学校を訪れ、子供たちと一緒に給食を食べながら語り合うというものだった。当時、知・徳・体のバランスある成長、公立学校の充実などが教育再生のテーマになっていた。これは、ほどなく新宿区立牛込仲之小学校への総理訪問として実現する。1964年の東京オリンピック開会式では、この小学校の鼓隊が東龍太郎東京都知事と五輪旗とともに、国立競技場のトラックを行進する映像を覚えている。

第2案に置いたのが「週末、中央線下り電車で高尾方面に行き、高尾山に登る」というものだった。中央線は週末の朝も混んでいる。平日ならば多くの通勤客が向かう東京・新宿と逆方向の高尾方面行きで。下り電車の方だが、リュックを背負った多くのシニアや家族連れと一緒に、京王線に乗り換え、高尾山口駅で降りて徒歩で山頂へ登る。晩秋から初冬はもみじの季節だ。

私は、「安倍総理は、こんな週末の過ごし方をしている」という発信は、オペラ音楽鑑賞で過ごす前任の小泉総理と違った面を出す上でもよいのでは、と考えた。ただ残念ながら当時の安倍総理の反応は「高尾山か。小学校の頃、行ったなぁ」で、それ以上は推すことができずに終わった。

*

しかし、安倍総理は高尾山行きの案を忘れてはいなかった。翌2007年11月、私も官邸勤務を辞した。安倍総理が慶応病院を退院したと聞いて、お見舞いと内閣広報官辞職の挨拶を兼ねて、自宅にお訪ねした。私の経過報告が終わると、切り出したのは総理の方だった。「長谷川さん、あの時、高尾山に行こうって言ってたね。行けるかな?」

私は即座に「行きましょう」と応じ、日を決めた。当日の登山道には負担の少ない6号路を選んだ。警護官の他には総理と私だけ。総理が病み上がりから間がない時期だったので、途中でリタイアする可能性も否定できなかった。私としては万が一にも、他の人々に安倍総理が途中で引き返す姿を見せたくなかったからだ。

2007年12月2日、当日は温暖な日曜日。今が盛りの紅く染まったもみじも多く残っており、高尾山は登山客で賑わっていた。普段より多めに休息をとりながら、木々に挟まれた小川沿いの登山道を歩んでいった。1時間近く登り山頂に近づいたので、私は「弁当は、山頂とは別の場所でとり、食後に山頂に行きましょう。山頂では立ち止まらずに、そのまま下山路に入ります」と申し上げた。高尾山の頂きは平らに広がっているので、山頂で食事をしていると登山客が次々に来て落ち着かないと思ったからだ。

弁当を広げようと山頂を迂回して、もみじ台に着くと、「安倍さん、こんにちは。もう大丈夫ですか?」と、近くの男性グループが近寄ってきた。成蹊高校で総理の1年後輩だったという4人の方々だった。総理は「元気になったよ、久しぶり。みんな一緒に来たの？」思わず打ち解け、おにぎり弁当を私と一緒に平らげた。一息ついてさらに250段余りの階段を登って、山頂へ。立ち止まらずにそのまま下山路を取り、ケーブルカー駅に着いた。「下りは体重が膝にかかるので、下りこそケーブルカーなんです」。私がそう言うと、総理は「確かにそうだね」と応じた。

当日は混んでいたので、次のケーブルカーを待って100人余りの人々が7～8分、ホームにたたずんでいた。その時あるご婦人が「安倍さん、元気になられたんですね。よかったですね」と声をかけ、周囲に響いた。この声が安倍総理の心には強く響き渡ったそうだ。「あんな辞め方をしたのに、励ましてくれる」――そんな思いを呼び起こしたのかもしれない。

幾つかの偶然が重なった登山だった。高尾山登山を終えると、総理から「今日は来てよかった。また、来よう」と言われた。私は「次回も今日のコースで。2度続けると自信がつきますから。次回は秘書官たちにも声をかけましょう」と応じた。それからは山登りが春、秋と続いていく。コースもずっと6号路というわけではなく、3回目以降は元総理番記者だった方々や元秘書官も加わり、相模湖方面から城山を目指して登った後に高尾山頂を目指すコース、その後は陣馬山（標高855メートル）、丹沢大山（同1252メートル）と、その日に目指すゴールも回を追って高くなっていった。

＊

私自身、登山を始めたのは遅く、始まりは東京都庁に出向時の1996年だった。職場の同僚の小俣文子さんをリーダーとするグループに入れてもらった。初回は奥多摩の御前山。標高1405メートルで、ふもとのバス停から2時間を超える登坂。きつかったが若さもあり、「誘われた初回に脱落したら、二度と誘われなくなる」と思い、頑張った。やっと山頂に着くと、一挙に視界が広がり、普段はない達成感を味わうことができた。これが多くの人々が山に魅せられる理由か、と納得した。

山登りというのは、登り始める前は離れた地点にいるので、頂きが見える。「あれが今日のゴール」と思って登り始める。しかし、しばらくするとそのゴールは姿を隠す。道は段々と木の根や泥で滑って歩きにくくなり、うねりながら、時に木々の陰に閉ざされながら登り続ける。「ゴールに近づいているのか？　道に迷ったかな？」と自分を疑いたくもなる。喉の渇きと脚の痛みが出てきて、リュックがずっしり肩に食い込む感じがする。それでも、「今日のゴールに到達しないといけない。ここで引き返したら負けだ」と自分の気持ちに鞭を入れ、再び登り始める。

時には雨に見舞われることもあるが、ようやく木々の間から頂きが姿を現す。ふもとで見たのとは違う様相だ。頂きが近づくにつれて道はさらに急峻になり、踏ん張りを重ねて山頂に足を伸ばしたその途端、一気に視界が開ける。目指したゴールに到達した充実感とともに一気に喉をうるおし、食べるおにぎりの何と美味《おい》しいことか。そして「次はまた別の山、それももっと高い山に挑もう」と思うのだ。安倍総理も、高尾山6号路から始めた山登りで、そんな爽快感と達成感を経験されていたにちがいない。

謝辞

私は、9年近い総理官邸での勤務を通じて、深い経験と広い知己を得るチャンスを頂きました。まずもって、私を任命して頂いた安倍晋三元内閣総理大臣に感謝致します。最近は、総理も健康を取り戻されたようで、安心しています。

総理には、1993年1月、米国ワシントンで昭恵夫人とご一緒にお目にかかり、ビル・クリントン米国大統領就任式前後の1週間をご一緒してから30年。長いご交情を頂き、この間、国内だけでなく、世界広く、次々と想像もできない経験をすることができました。田舎の新聞屋の倅だった私が、憲政史上最長の任期を務められた内閣総理大臣に、その全期間を通して、直接に仕えることができたことはこの上なく光栄なことでもありました。

自分が頑張れば、出自にかかわりなくチャンスに巡り合える。もちろんそこには運もありました。人生は、努力、実力、運のトリコロール。運がない時には努力してもうまく行かないこともあるが、運は、時の経過の中で戻って来る。逆に運がいい時こそ、努力して実力を涵養しないと、運はいつまでも続かない――こんな素晴らしい民主主義国家、日本国を大事にして、次の世代に引き継ぐ努力を重ねていきたいと思います。

そして、世耕弘成自民党参議院幹事長に感謝致します。第1次政権では、広報にはアマチュアの私に、プロの広報の道と技を教えてくださり、2007年の安倍総理の政策スピーチ「美しい星」の作成でも、年金問題広報での苦闘でもご一緒させて頂きました。第2次政権では、広報だけでなく、官房副長官、経済産業大臣として、中小企業、特に下請け企業の正当な立場を代弁する政策を関係省庁に広く浸透させる上で、ご指導頂きました。

公明党の山口那津男代表、北側一雄副代表には、私の率直な物言いにもかかわらず、寛容にも様々なご教示と含蓄に富んだ指摘をくださったことに感謝致します。山口代表からは新田次郎氏の作品『ある町の高い煙突』も頂きました。北側副代表からは、2011年の堺市でのセミナーにおける講演など貴重な機会を頂きました。

1991年以来、交友を続け、その間、41代ブッシュ米国大統領、43代ブッシュ米国大統領の下、ホワイトハウスで両大統領を補佐した経験にもとづく知見を授けてくれたトーケル・パターソン氏に感謝します。同氏は、41代大統領退任に伴い、米海軍太平洋艦隊に戻りましたが、船底を海底に付けた艦船の船長は、たとえ自分自身に落ち度がなくても責任を取って辞任するとの海軍の伝統を厳守して米海軍を退きました。しかし、この潔さと持ち前の軍事に関する豊かな知識、41代ブッシュ大統領やスコウクロフト安全保障補佐官を間近で補佐した経験から、43代大統領の時に再びホワイトハウスに戻り、活躍されました。

アフラック会長のチャールズ・レイク氏にも感謝しなければなりません。1990年当時、米国通商代表部で日本部長のポストにおり、以来、立場が変わっても、一貫して貴重なアドバイス、第2次安倍政権時代にもワシントン要人への紹介をして頂きました。

官邸勤務でなくてはならない関係省庁との間の問題点の整理や調整、また、総理の外国訪問に同行した経済界の皆さんの活動を充実させるための努力。頑張ってくれた私の秘書官の諸兄。総務省から出向いてくれた、吉井俊弥、羽田翔、近松茂弘、谷剛史の皆さん。経済産業省から来てくれた金井伸輔、神崎忠彦、渡辺真幸の皆さん。私の日程管理と手のかかる英字紙の記事コピーを作成してくれた中西由紀さんと伊藤奈津子さん。朝早くから夜まで、私を車両に乗せて多くの訪問先を動いてくれた渡部篤、菅原秀郎、小林要介、平川憲二の運転手の皆さん。皆さんのサポートがなければ、できなかったことばかりです。

官邸広報部隊の皆さんにも、お礼申し上げます。次々と広報プログラムを作成し、発信するだけでなく、各省庁による広報事業の実施、調整をまとめて頂いた内閣府政府広報室。武川恵子、別府充彦、日下正周、原宏彰、田中愛智朗の歴代室長の皆さん。毎週の連絡会議でご一緒した内閣広報室と政府広報室の皆さん。佐々木祐二総務審議官をはじめとする、加治慶光、酒田元洋、原典久、三田一博、柴山佳典、伊藤誠一、岡本成男、田中駒子の歴代参事官の皆さん。骨の折れる海外広報で、悩みながら一緒に前進してくれた小野日子前内閣広報官をはじめとする曽根健孝、股野元貞、石垣友明、松本好一朗の歴代国際広報室長と室員の皆さん。そして外務省外務報道官と報道官組織の皆さん。官邸参事官として国土交通省から来てくれた金子正志、田口芳郎、北村朝一、角野浩之の皆さん。日本国内の美しさの発見と、陸、空での発信になくてはならない貢献をして頂きました。上村秀紀、富永健嗣両室長をはじめとする官邸報道室の皆さん、公式カメラレディ・カメラマンとして総理大臣の動きとその歴史を残してくれた小宮則子、吉田正さんをはじめ同僚の皆さん。『We Are Tomodachi』の発刊を可能にし、私にネット通信に関して多くを教えてくれた、歴史小説の主人公のような名前の文月涼さん。本当に有難うございました。なお、昨年10月、活躍して頂いた酒田元洋さんの突然の訃報に接しました。信じられない思いです。

チーム安倍として、安倍総理と、汗と涙と笑いと感動を共にした今井尚哉総理補佐官、歴代の総理秘書官だった中江元哉、鈴木浩、島田和久、柳瀬唯夫、大石吉彦、山田真貴子、宗像直子、新川浩嗣、原和也、増田和夫、佐伯耕三、船越健裕の皆さん。副参事官の日野由香里さん。私の仕事ぶりに理解と励ましをくれた内閣情報官だった北村滋さん、内閣官房参与だった谷口智彦さん。掛け替えのない豊かな時間と場を共有して頂き、有難うございました。

この間、国会、知事や市長、関係省庁、経済界、言論・報道界の幹部から現場の方に至るまで、数えきれないくらい多くの方々から、ご交誼とアドバイスと励ましを頂きました。その中で、海外にも広い人脈を築き世界を縦横に活躍されながら、60代前半の若さで旅立たれた日本経済新聞社の伊奈久喜さん、春原剛さん、お二人のことが残念でなりません。

仕事の上で、またその外側で、安倍総理と私を励まし続けてくれた、中小モノづくり企業の社長さんたち、有難うございました。皆さんとの友情は四半世紀に及んでいます。内原康雄さん、渡邊弘子さん、小松節子さん、小松万希子さん、山口誠二・美奈子ご夫妻、岡本毅さん、戸田拓夫さん、細貝淳一さん、関聡彦さん、浜野慶一さん、村井英夫さん、樽川久夫さん、中田寛・岩本明久・松田雄一郎の大阪3社長、伊藤澄夫さん、伊藤麻美さん、手塚加津子さん、清川肇さん、山本昌作さん、小倉乃里子さん、藤原多喜夫さん、金澤亜希子さん、数えきれません。皆さんは、安倍総理に対しても、私に対しても、仕事への誇りとそれを支える努力、従業員への責任、地域への愛情を教えてくれました。

東京大学公共政策大学院で、私の授業をサポートしてくれている殿木久美子さん。お礼申し上げます。本郷キャンパスの、春は緑、秋は黄金色の銀杏並木を通るたびに、半世紀近く前、毎日続く法律学の重厚な科目の授業から置いてきぼりをくわないよう勉学に勤しんだ日々を思い出します。正直、辛い日々でしたが、頑張りきったおかげで今日があります。そうした場で、明日を担う学生たち、留学生も含めて、私が国家公務員生活を通じて学んだ教訓を引き継げることを幸せに感じます。

本書の仕上がりに至るまで丹念に草稿を精読し貴重なアドバイスと激励を頂いた阿部正孝さん、安河内龍太さんをはじめ新潮社の編集部の皆さんに御礼申し上げます。皆さまのサポートなくして本書は誕生しませんでした。

改めて、数えきれないくらい、多くの皆さんにお礼を申し上げて結びとします。

二〇二二年二月

長谷川榮一

長谷川榮一　1952年千葉県生まれ。東京大学公共政策大学院客員教授。東京大学法学部卒。元中小企業庁長官。第一次・第二次安倍政権で内閣広報官、内閣総理大臣補佐官を8年余り務めた。

新潮新書

943

首相官邸《しゅしょうかんてい》の2800日《にち》

著　者　長谷川榮一《はせがわえいいち》

2022年3月20日　発行

発行者　佐藤隆信

発行所　株式会社 新潮社
〒162-8711　東京都新宿区矢来町71番地
編集部(03)3266-5430　読者係(03)3266-5111
https://www.shinchosha.co.jp
装幀　新潮社装幀室

印刷所　錦明印刷株式会社
製本所　錦明印刷株式会社

ISBN978-4-10-610943-0　C0231

価格はカバーに表示してあります。

Ⓢ新潮新書

917
日本大空襲「実行犯」の告白
なぜ46万人は殺されたのか
鈴木冬悠人

第二次大戦末期。敗色濃厚の日本に対して、なぜ徹底的な爆撃がなされたのか。半世紀ぶりに発掘された米将校246人、300時間の肉声テープが語る「日本大空襲」の驚くべき真相。

872
国家の怠慢
高橋洋一
原　英史

新型コロナウイルスは、日本の社会システムの不備を残酷なまでに炙り出した。これまで多くの行政改革を成し遂げてきた二人のエキスパートが、問題の核心を徹底的に論じ合う。

806
岩盤規制
誰が成長を阻むのか
原　英史

今日まで我が国を縛ってきた岩盤規制。官僚とマスコミは、それをどう支えたのか？　今後の日本経済の浮沈との関わりは？　霞が関改革を熟知する男が、暗闘の全てを明かす。

888
2021年以後の世界秩序
国際情勢を読む20のアングル
渡部恒雄

米大統領選に言及するまでもなく、混迷する国際情勢の行方は、これまでの間尺ではもはや見通すことができない。新たな時代の世界秩序を読み解く20の視点を、第一人者が提示する。

898
中国が宇宙を支配する日
宇宙安保の現代史
青木節子

宇宙開発で米国を激しく追い上げる中国は、その実力を外交にも利用。多くの国が軍門に下る結果となっている。覇者・米国はどう迎え撃つのか？　「宇宙安保」の最前線に迫る。